Slow 東京

蔡欣妤 Deby Tsai —— 著

U0004867

太雅

作者序

我所看到的東京

東京曾經是我的夢想。

相信很多七年級生和我一樣，從小在動漫及偶像文化的洗禮之下，就對日本懷抱著無限憧憬。十二歲的時候，為了想要聽懂日文歌的內容而開始背五十音的那個當下，應該沒有想到東京這個都市會真的那麼深切的和自己產生關聯吧！

除了日本之外，另外一個早早就立定志向的，是關於美學與設計的這條路。相較於歐美，日式細膩卻尾韻綿長的設計方式，一直讓我非常有共鳴，於是第一志願的美術大學放榜的那一天，看到自己的號碼時，就彷彿像是夢境一般。

旅居東京的生活，比起學校，其實受更大影響的是整個環境帶來的刺激——俯拾即是的好設計、規畫完善的展覽、精緻有趣的設計商品、美輪美奐的各式店家……整個東京就像是一直不停翻新的教科書，永遠都有看不完學不完的新收穫。

這本書將我在東京最喜歡，也最常出沒的地點分成六條路線或區塊，其中也介紹了一些一般觀光客不太會前往的地點。如果你也對東京有嚮往，就帶著這本書一起飛吧！希望可以讓更多人看見，我所看到的東京。

deby

作者簡介

蔡欣妤 Deby Tsai

生於台中，逢甲大學建築系學士，日本武藏野美術大學空間演出設計系碩士，師承日本舞台設計大師堀尾幸男。留日期間並於知名攝影師蜷川実花之工作室擔任陳列美術實習生一年，同時以髮型模特兒、街拍模特兒身份多次登上《NYLON》、《ViVi》等知名日本雜誌。返台後曾任精品品牌陳列設計，目前白天擔任品牌企劃，晚上在家寫字畫畫做設計，同時也是日本《NYLON》的官方部落客。人生一切選擇以美感為基準。

instagram / debytsai
facebook / debytsai.com
網站 /debytsai.com

CONTENTS

Part 1　表參道區域
原宿・表參道・青山
時尚的流動場域

Part 2　東急東橫線
代官山・中目黑・祐天寺・學藝大學
出世又入世的文青聖地

Part 3　大江戶線
神樂坂・藏前・清澄白河
都會×下町風情的共存美感

Part 4 中心區域
日本橋・銀座・馬喰町・東京・神田
發現東京的古老而美好

Part 5 谷根千區域
上野・谷中・根津
老屋再生，窺見舊東京的樣貌

Part 6 吉祥寺區域
吉祥寺・西荻窪
體驗都心外的慢生活

Part 1

表参道區域：原宿、表参道、青山

時尚的流動場域

時髦的男孩女孩到了東京，絕對不可錯過的就是表參道一帶。從個性的原宿、裏原宿，到精緻的表參道，氣氛更沉穩而洗練的青山，一條路上有各式氛圍，不同的年齡層交錯卻和諧共鳴，時尚顯得多元而有趣。

TODAY'S OUTFIT

本日穿搭

White的搭配搭上黑色小物，
現代簡約卻帶點街頭風，
就像是表參道區域一樣，混搭出不同的風情。
建議挑選一雙時髦的平底鞋，
放慢腳步沿路散步一定會有許多新的發現！

Top／MURUA ‧Bottom／青豆‧Shoes／青豆‧Bag／EMODA

交通方式

- JR 山手線「原宿駅」
- 東京メトロ千代田線、副都心線「明治神宮前駅」
- 東京メトロ銀座線、千代田線、半門線「表参道駅」

Column
東京日子
×
Deby

走在視線流動的表參道

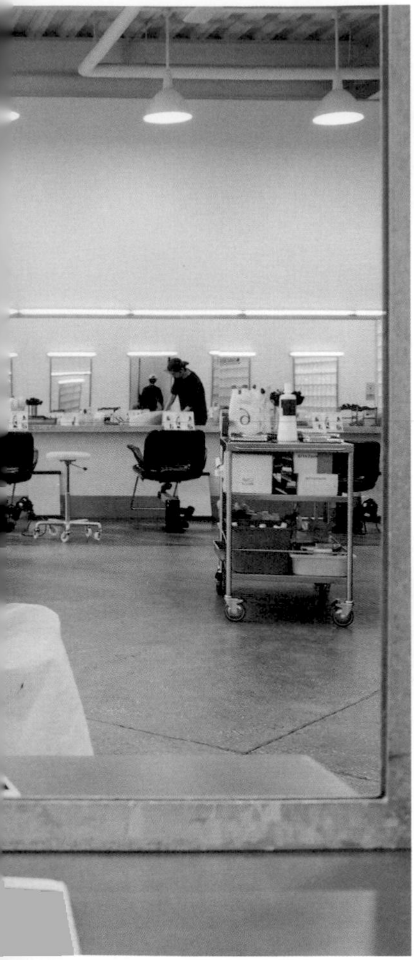

正在整理頭髮的
NANAKO與我

對我來說，表參道是最貼近我「想像中的東京」的地方。

這裡的人們衣著時髦、風格多元，在踏上東京這塊夢幻的土地之前，總在連續劇和綜藝節目、雜誌等媒體當中不斷地看到她的風景。比起道路號誌一轉換，人潮就迅速交錯的澀谷十字交點，表參道上的人們顯得沒那麼匆忙。漫步在百家齊放的精品旗艦店，翠綠的行道樹下蜿蜒著銀色鐵杠，人們或坐或站姿態各異，但相同的是，眼神總緊盯著往來人潮不放。這些獵人有的來自經紀公司，他們搜尋著的是下一個明日之星；有的是雜誌編輯，他們打量著你的全身，希望能夠捕捉細節到位的街拍照；最多來自美容院的設計師或助理，尖峰期是大部分美容院公休的週二，他們犧牲假期，希望能找到自己的謬思。

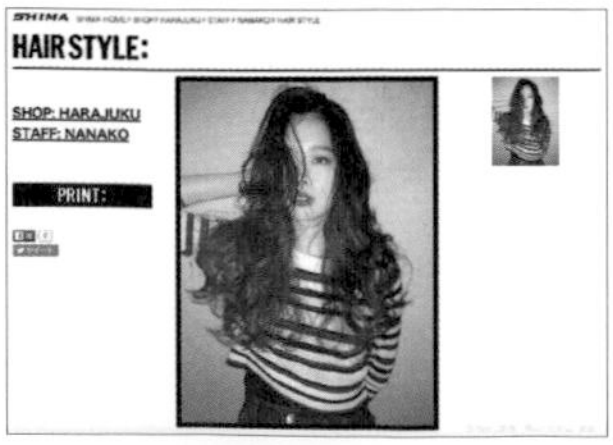

設計師的作品拍攝有時會在外取景，不過大部分都是在店內拍攝

憧憬已久的表參道Salon初體驗

剛到東京三個月的那年夏天，還沒有什麼在地的朋友。大概是被小時候看的經典日劇《美麗人生》(Beautiful Life)所影響，到東京前就一直對日本的美容院懷抱著憧憬，但人生地不熟總是有點緊張，拖啊拖的，終於在學期結束後、回台灣過暑假之前，在表參道的美容院「bröocH」剪了第一次頭髮。

「bröocH」的作品常見於各大女性雜誌，風格自然溫柔，涵蓋的年齡層廣泛。以白色為主體的建築物、大量木頭內裝，襯上窗景的綠意，小小卻溫馨的店面不給人任何壓迫感，工作人員也十分親切。與設計師討論過後，以不漂色的方式染了當時流行的漸層髮色，修剪完畢後，設計師用兩種不同尺寸的電棒仔細的捲出了捲髮。第一次在東京的美容院做了造型，愉悅地踏出「bröocH」之後，想著不要浪費完美的髮型，那就逛個街吧！於是開始在表參道上慢慢閒晃……

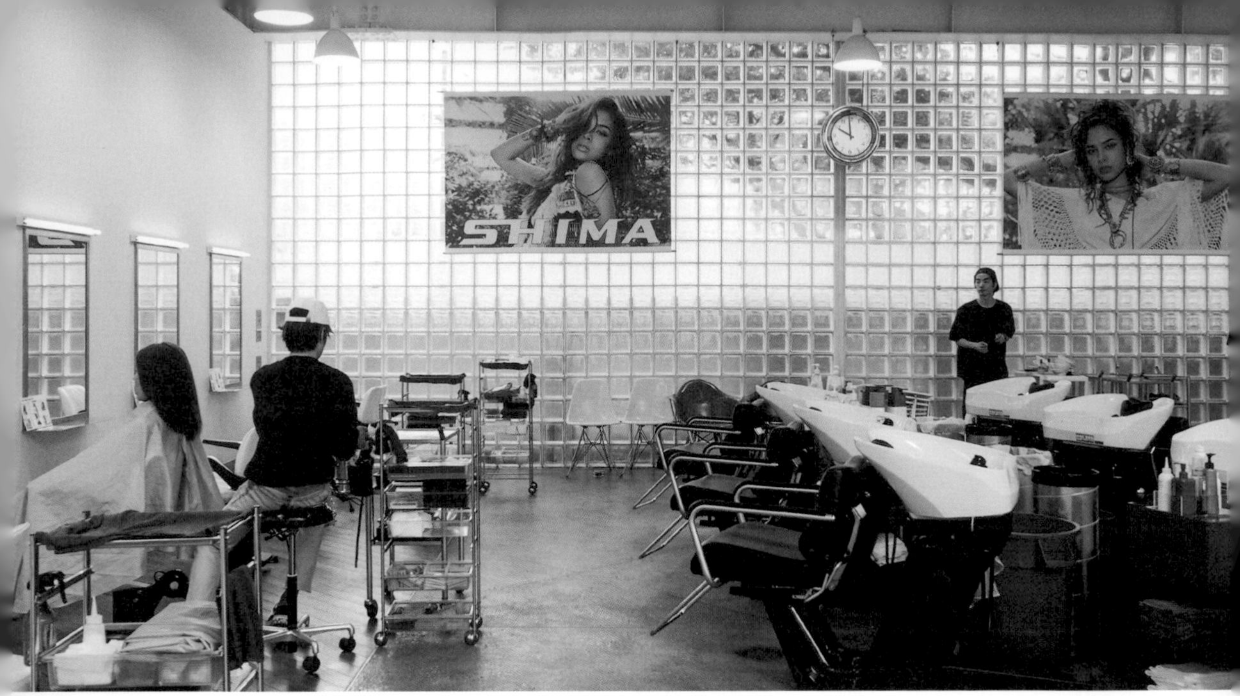

街頭特有的視線流動

一開始被上下打量其實是有點緊張的，但久而久之也見怪不怪。尤其和任職於雜誌社的朋友一起在路邊當過獵人後，更覺得這個特殊生態十分有趣。根據我們的不專業統計，在表參道上向路人搭話被拒絕的比例，比起東京其他區域都來得低很多，甚至不禁懷疑起這些精心打扮的人們，就是專程來這裡等人搭話的。

一邊偷偷觀察著表參道的生態，快步走向十字路口的TOKYU PLAZA時，一位金色長捲髮的白皙女生探頭到我面前，「欸~我是美容院的人，正在找髮型模特兒，不知道可不可以耽誤妳幾分鐘？」對於女生比較沒有戒心的我，拿下耳機繼續聽她說(若碰到奇怪大叔問對演藝圈有沒有興趣時，絕對一邊搖頭一邊快步逃走的啊)，沒想到下一秒她遞來的名片上寫著的美容院名字，正是我在台灣時就夢寐以求的美容院「SHIMA」。

模特兒們經常造訪的美容院

一開始在搜尋美容院時，「SHIMA」一直列在想造訪的清單前幾名，許多知名線上模特兒都在那裡整理頭髮。因為有多家分店，每家分店擅長的氛圍有些許不同，不過最多名人選擇的還是表參道巷弄裡的「SHIMA HARAJUKU」。混凝土的獨棟建築像是一個水泥箱子，立面上大面的開窗可以看見一、二樓所有設計師的一舉一動，空間摩登而簡約。和我搭話的設計師叫做NANAKO，不管是具有透明感的染髮或是柔軟自然的捲髮，她擅長用髮型表現充滿女孩味卻不失個性的世界觀。在NANAKO的巧手之下，嘗試了以前絕對不會考慮的漂色挑染，還挑戰了挑染紅髮。一樣的電棒在不同方式的使用之下，也可以變化出各種不同的樣子。也因為她，打開了我在日本擔任髮型模特兒的大門，在日本的拍攝工作不同於台灣，是非常有趣的經驗。

機會難得，也和NANAKO
拍了兩人的合照

SHIMA HARAJUKU店內以白色為基調，運用大量玻璃磚透光，簡單而時髦

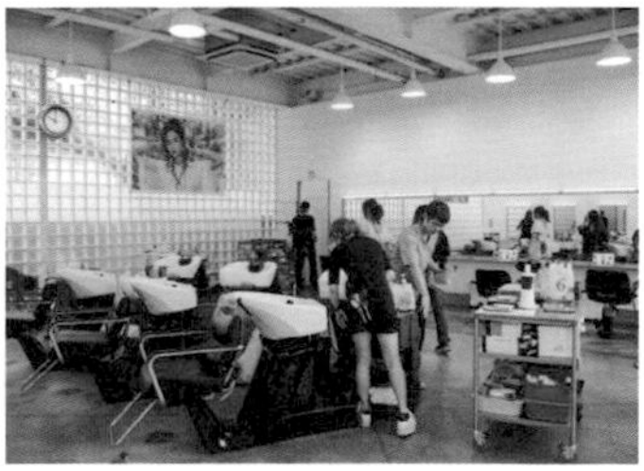

在時尚尖端的東京
換個新造型吧！

或許下次來到東京，妳也可以嘗試看看不同於台灣的造型體驗，之後再頂著美美的造型，走在表參道享受一下人們的視線流動。

SHIMA HARAJUKU

地　址	東京都渋谷区神宮前1-10-30
電　話	03-3470-3855
時　間	11:00～19:00，週二休
價　位	剪髮¥6,700起、染燙髮¥7,200起
交通指引	JR山手線「原宿駅」表参道口徒步5分 東京メトロ千代田線・副都心線「明治神宮前駅」5號出口徒步3分
網　址	www.shima-hair.com/shops/harajuku

SHIMA HARAJUKU LEAP

地　址	東京都渋谷区神宮前4-32-12 2F
電　話	03-6447-1831
時　間	11:00～19:00，週二休
價　位	剪髮¥6,700起、染燙髮¥7,200起
交通指引	JR山手線「原宿駅」表参道口徒步6分 東京メトロ千代田線・副都心線「明治神宮前駅」5號出口徒步2分
網　址	www.shima-hair.com/shops/harajuku

(NANAKO目前任職於SHIMA HARAJUKU LEAP)

能享受自由氣息的攤販聚落

表參道
聚落

都市叢林中的自由綠洲

COMMUNE246

來自栃木縣的咖啡廳SHOZO COFFEE，美味程度不亞於隔壁的知名咖啡廳

在表參道與青山，充滿著各種不同風格的時尚店家，但誰都沒想到巷弄內的這畝空地，卻藏有與大街上截然不同的氛圍。COMMUNE246號稱是與青山共生的共同體，不管是在此居住、工作、路過、遊玩的人，人們都可以在此有所交流。主體建築群是由知名建築師隈研吾所率領的東大建築團隊製作，各有不同的姿態，並販售不同種類的食物，購入後可以自由在中間的座位區食用。園區裡瀰漫著一股日本少見的自由氛圍，或許這就是它的特別之處吧！

SHOZO COFFEE位於COMMUNE246的最外側，木頭小屋也成為入口的標誌

1.2.各式攤位與擺設，人潮絡繹不絕／3.時髦的菸攤TOBACCO STAND／4.特殊的建築物散布整個區域，隨手一拍都像雜誌照片／5.特別推薦BROOKLYN RIBBON FRIES，使用來自北海道的嚴選馬鈴薯，可以吃到食材的原味。現場酥炸的香氣與食感叫人難以忘懷

1

充滿手作感的招牌與指標

穿越狹窄的廊道
即將抵達中央廣場

COMMUNE246

地　　址　東京都港区南青山3-13
時　　間　11:00～22:00
價　　位　～¥999
交通指引　東京メトロ銀座線・千代田線・半蔵門線「表参道駅」A4出口徒步2分
網　　址　commune246.com

隨時隨地都充滿假日午後的悠閒氣息

隱匿於時尚品牌高空的藝術空間

Espace Louis Vuitton Tokyo

1

近年來許多時尚品牌與藝術界開始合作，Louis Vuitton算是先驅者之一。在聚集各種文化的表參道，建築師青木淳一手為Louis Vuitton表參道打造出具有層次的通透空間，而Espace Louis Vuitton Tokyo就位於建築物的七樓，搭乘店裡的電梯一路直達頂樓，就能看到玻璃帷幕環繞著純白的空間。在欣賞藝術的同時彷彿浮游在表參道的空中，或許這樣非日常的空間體驗，越能激發更大的藝術想像吧！

2

跳脱日常，漂浮在表參道的藝術空間

1.5.宛如玻璃盒子的空間以挑高處理，加上透明的視覺效果，並使用大量白色，空間感十分開闊／2.西裝筆挺的保全站崗中，不愧是高級精品店呀／3.4.光影的變化與作品共舞／6.能夠看見表參道的城市風景

Espace Louis Vuitton Tokyo

地　址 東京都渋谷区神宮前5-7-5 ルイ・ヴィトン表参道ビル 7F
電　話 03-5766-1094
時　間 12:00～20:00，僅於展期中開放
交通指引 東京メトロ銀座線・千代田線・半蔵門線「表参道駅」A1出口徒步3分
東京メトロ千代田線・副都心線「明治神宮前駅」4號出口徒步5分
JR山手線「原宿駅」表参道口徒步10分
網　址 www.espacelouisvuittontokyo.com

藝術愛好者必訪的巷弄書店

UTRECHT

表參道
書店

1

就算隱身於重重巷弄中的舊公寓內，造訪的人潮依然不減。帶有手作感的木質內裝，加上些許鮮豔裝飾，營造出清新氛圍。但最重要的還是店主的選書品味，從藝術寫真集到獨立刊物，不只來自日本，還能看見許多外國書刊。店內書籍的陳列位置，都經過計算並帶有關聯性，就算不購買，逛上一圈僅僅翻閱，也能吸收到許多藝術分子。不定期舉辦的小型展覽也都十分具有可看性。

2

在老公寓內重新感受紙本的溫度與牽絆

3

5

4

1.店內整體空間並不大，卻是個讓人很自在的空間／2.書的排列方式皆有其邏輯性，來自各國的書刊也都讓人眼界大開／3.店內以大量木質內裝打造，搭配的鮮豔家飾及小物很能提亮空間／4.UTRECHT位於舊公寓的一隅／5.唯一提供給大家辨認店面所在的線索，就是這兩個小小的招牌／6.入口的外觀和一般公寓無異，小心不要走過頭了！

6

UTRECHT

地　址 東京都渋谷区神宮前5-36-6 ケーリーマンション2C
電　話 03-6427-4041
時　間 12:00～20:00，週一休
交通指引 JR山手線「原宿駅」表参道口徒步15分
東京メトロ銀座線．千代田線．半蔵門線「表参道駅」B2出口徒步10分
東京メトロ千代田線．副都心線「明治神宮前駅」4號出口徒步10分
網　址 utrecht.jp

表參道
生活雜貨

宛如法國女子隨興不拘的家飾

Bazar et Garde-Manger

1

小小的店面、活潑豐富的色彩、目不暇給的商品，是Bazar et Garde-Manger給人的第一印象。以「好奇心」及「不可思議」的概念為主軸，店內滿滿的都是幾乎不曾在其他商家見過的商品。打理這家店的採購者是一位極有特色的法國女性 Marthe Desmoulins，她出身自法國布列塔尼，以獨到的美感挑選歐式風格為主的各式家飾、古董家具。不同於連鎖店，Bazar et Garde-Manger的商品充滿獨創的藝術感與手感，每件單品都是一個美麗的邂逅，如果你也想用萬中選一的特殊家飾來妝點自己的家，那就一定要來尋寶看看了。

2

色彩斑斕的法式生活想像

3

6

5

4

Bazar et Garde-Manger

地　　址　東京都港区北青山 3-7-6
電　　話　03-5774-5426
時　　間　11:00～19:30，不定休
交通指引　東京メトロ銀座線．千代田線．半蔵門線「表参道駅」A1出口徒步3分
網　　址　bazar-et-gm.com

1.從門口開始即擺放許多古董家具，讓人經過就忍不住多看幾眼。繽紛的拼字招牌十分吸睛可愛／**2.**帶不走家具的話，各種稀奇古怪的個性小物也很值得多看看呢／**3.5.**古董家具也都十分有味道／**4.**特別喜歡織品類的風格，用色很歐洲／**6.**堆放得滿滿的店內其實有一定的陳列準則

表參道

生活雜貨

歐洲藝術家的家就像這樣吧

H.P.DECO

1

距離前頁的Bazar et Garde-Manger僅數百公尺距離的姐妹店H.P.DECO，有著截然不同的風情。如果說Bazar et Garde-Manger是古靈精怪的妹妹，那H.P.DECO就是優雅卻有個性的姊姊了。以法國為中心，引入歐洲各國的古董家具及藝術品，並不拘泥於年代與型態，希望帶給顧客具有藝術感的生活。小房間式的陳列方式，讓人感覺好像不小心闖入了哪個歐洲藝術家的家，屋內滿是放進家中就能加深居家布置層次的單品，好像有種可以在這裡找到傳家之寶的感覺呢！

2

小房間內充滿優雅的歐洲藝術風情

1.姿態不同的古董椅成為店家的招牌／**2.**穿梭在店內的各個房間，可以看到各式家飾家具的堆放陳列／**3.4.**充滿特色的瓷器是店內的主打商品／**5.**除了二手商品外，也有充滿歐洲風情的進口品牌商品／**6.**佇立在巷弄內的白色小屋就是H.P.DECO

H.P.DECO

地　　址　東京都渋谷区神宮前5-2-11
電　　話　03-3406-0313
時　　間　11:00～19:30，不定休
交通指引　東京メトロ銀座線・千代田線・半藏門線「表参道駅」A1出口徒步3分
網　　址　www.hpdeco.com

表參道複合式商店

生活風格品牌，從裡到外打造型男靚女

niko and...

1

從服裝、書籍、咖啡、到生活雜貨、家具等等，複合各種商品與機能的複合式商店，是日本日漸火紅的商業型態。服飾起家的「niko and…」希望人們不只是生活，而要「有型」的生活，並在其中發掘出屬於自己的價值。所以到店裡購物的同時，除了打點自己的外表之外，也可以帶本書增加自己的內涵，或是買瓶時髦的天然清潔劑回家打掃，再順便帶走一個有設計感的抱枕，型男靚女的時尚生活似乎也不遠了。

2

在「生活」裡，
找到「有型」的自己

3

6

5

4

niko and…

地　址 東京都渋谷区神宮前6-12-20
電　話 03-5778-3304
時　間 11:00～22:00
交通指引 JR山手線「原宿駅」表参道口徒歩7分
東京メトロ千代田線．副都心線「明治神宮前駅」4號出口徒歩6分
網　址 www.nikoand.jp

1.6.從門口就能窺見年輕而活潑的店內陳列／**2.**可以提供租借的時髦電動腳踏車／**3.**咖啡廳與書籍陳列的區域往往人滿為患，只要有消費就可以在此閱讀／**4.**配合品牌形象，品牌購物袋推出各種顏色，不怕挑不到喜歡的顏色／**5.**2樓設有來自波特蘭、首次登陸日本的有機餐廳「navarre」，徹底實踐從裡到外都要有型啊

完美演繹外國人眼中東洋風情的咖啡廳

CAFE KITSUNE

1.以木頭及竹子為基調的空間很有摩登日式風情／2.各種不同的圖騰妝點著和風空間／3.竹籬笆圍起的入口處，非常低調，小心不要走過頭了！／4.木製的手沖器具也十分有味道

竹製的籬笆導引顧客走進石板路，庭院點綴著石頭與松樹，這間看起來十分具有日本風味的咖啡廳，其實源自於法國。Maison Kitsuné是服裝兼音樂品牌，在品牌開設首家路面店的同時，也將旗下的這間咖啡廳一起引進了東京。圖騰壁紙與抹茶系列的飲品，都是為日本店特別量身打造，據說是啟發自江戶時代的茶屋文化。店內同時設有CD及服裝的販售區塊，咖啡也是濃郁香醇十分美味，是非常適合逛街後小憩一番的空間。

CAFE KITSUNE

地　址　東京都港区南青山3-17-1
電　話　03-5786-4842
時　間　09:00～20:00
價　位　～￥999
交通指引　東京メトロ銀座線・千代田線・半蔵門線「表参道駅」A4出口徒步2分
網　址　shop.kitsune.fr

牛奶糖的時髦新樣貌

NUMBER SUGAR

原宿 甜點

3

1

4

2

1.要挑哪些當伴手禮呢？正在猶豫中／2.店內的陳列十分溫馨，親切店員的制服也很可愛呢／3.深淺藍色搭配木頭的門面，典雅又不失可愛感／4.以白色包裝紙包起的牛奶糖，簡單地呈現卻很時髦

一對夫妻共同經營的手工牛奶糖專賣店，先生是製糖職人，妻子老家則是經營牧場，兩人同心協力之下誕生了品牌。不同於一般糖果大量生產的機器作業，NUMBER SUGAR 從牛奶糖本身到包裝都散發著濃濃的手工味。簡單時髦的包裝上，印製的數字代表著不同的口味。店裡銷量最好的是 NO.2的鹽味，些許的鹹味讓牛奶糖吃起來更有層次且不膩口，另外季節限定的焦糖系列飲品也是濃醇而美味，如果剛好遇到千萬不要錯過了！

NUMBER SUGAR

地　　址 東京都渋谷区神宮前5-11-11 1F
電　　話 03-6427-3334
時　　間 11:00～20:00，週二休
價　　位 ～￥999
交通指引 JR山手線「原宿駅」表参道口徒步10分
東京メトロ銀座線・千代田線・半蔵門線「表参道駅」A1出口徒步5分
東京メトロ千代田線・副都心線「明治神宮前駅」4號出口徒步5分
網　　址 www.numbersugar.jp

美國身日本心的甜甜圈

GOOD TOWN DOUGHNUTS

原宿 甜點

1.焦糖海鹽口味的甜甜圈，略有鹹味的濕潤糖衣讓甜甜圈更順口了／2.天氣好的時候戶外吧台應該是搶手座／3.讓人感覺彷彿身處美國的裝潢，卻又不失日本的細緻感／4.因為盒子跟提袋都太可愛了，也很推薦整盒外帶購買

踏進店內，要不是店員和客人都是日本人，真的有那麼瞬間會以為自己在美國！老闆從美式漢堡起家，在原宿一帶總共打造了5家美式風情的店。店內提供的菜單有甜甜圈、三明治、冰淇淋與咖啡，另外也同時販售一些美式雜貨與服飾。原本以為會充滿美式甜膩的甜甜圈卻意外的口味細緻、糖度恰到好處、個頭也不大，是改良過的東方人口味，柔軟蓬鬆的口感，好像一次可以吃下好幾個呢！

GOOD TOWN DOUGHNUTS

地　址 東京都渋谷区神宮前6-12-6
電　話 03-5485-8827
時　間 10:30～21:00
價　位 ～¥999
交通指引 JR山手線「原宿」表参道口徒步8分
東京メトロ千代田線・副都心線「明治神宮前駅」4號出口徒步7分

音樂品牌打造的時髦炸物店

AND THE FRIET

原宿 美食

3

1

2

1.周邊商品除了常見的購物袋和別針之外，還有店內使用的美乃滋和油／2.金黃色的薯條現點現炸／3.藍白為基調的清爽配色，讓人有點忘記自己正在購買高熱量食物啊

這家薯條專賣店，主打以各種馬鈴薯做成的多種薯條，每種馬鈴薯根據口感調整最適合的切法，再沾上十種獨家研發的醬料，美味不言而喻。看著店家現炸薯條時，突然有種熟悉感，其實這種營業方式就和台灣的鹽酥雞很像呀！但音樂品牌公司起家的AND THE FRIET十分擅長包裝，打造出簡約時髦又健康的形象，加上真材實料的好口味，就理所當然地征服了很少邊走邊吃的日本少女的心。記得要早一點去，否則比較稀有的馬鈴薯跟醬料很快就沒有了喲！

AND THE FRIET

地　　址 東京都渋谷区神宮前1-11-6 Laforet 原宿 2F
電　　話 03-6434-7568
時　　間 11:00～21:00
價　　位 ～￥999
交通指引 JR山手線「原宿駅」表参道口徒步5分
東京メトロ千代田線．副都心線「明治神宮前駅」5號出口徒步1分
東京メトロ銀座線．千代田線．半蔵門線「表参道駅」A2號出口徒步7分
網　　址 andthefriet.com

Part 2

東急東橫線：代官山．中目黑．祐天寺．學藝大學

出世又入世的文青聖地

初次造訪東京者必定會搭乘的，想必非圍繞都心一圈的山手線莫屬了。而說起想推薦給稍微進階的東京旅人的最佳路線，絕對就是東急東橫線。從代官山開始一路延伸，雖然各區塊的氣氛略有不同，但不變的是那獨特的文藝氣味，絕對值得喜愛文青氣息的人造訪。

＃球鞋搭配 ＃氣質休閒風

TODAY'S OUTFIT

本日穿搭

近幾年流行的套裝，
絕對是簡單打造時髦裝扮的好夥伴。
氣質的灰藍色若是搭配高跟鞋就太女性化了，
刻意搭配上球鞋，綁上格子襯衫，配上手拿包，
打造不失輕鬆感的風情。

Top ∕ vintage · Bottom ∕ vintage · Shoes ∕ adidas original · Bag ∕ vintage

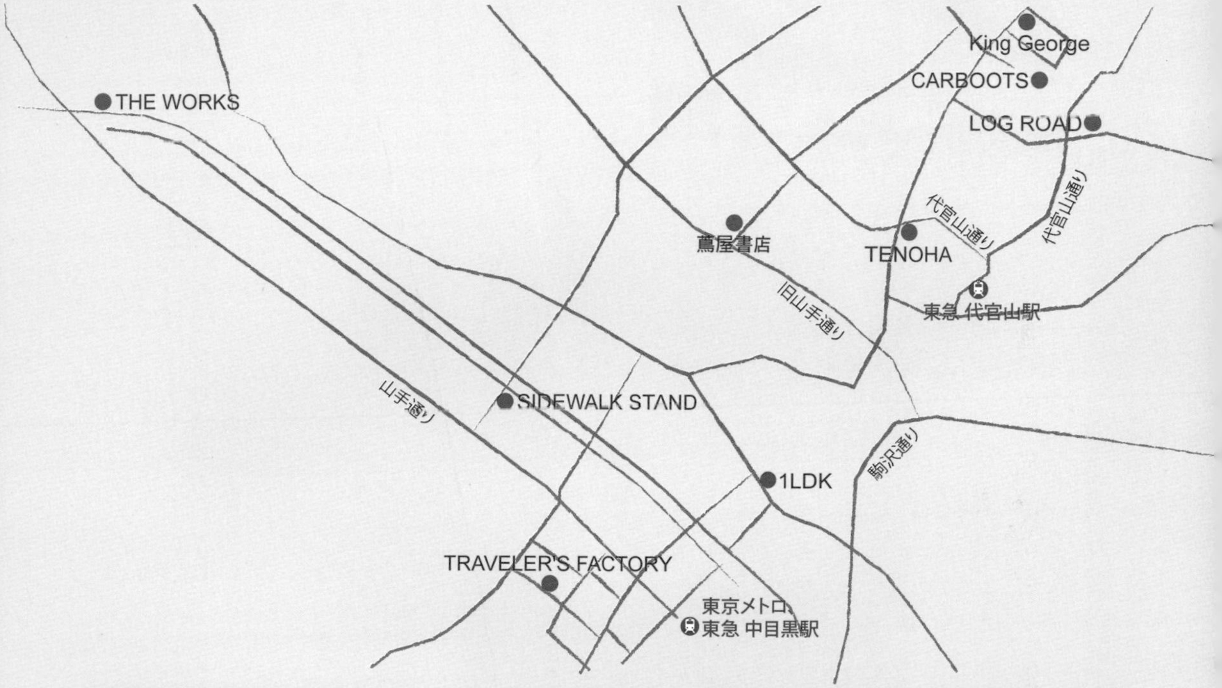

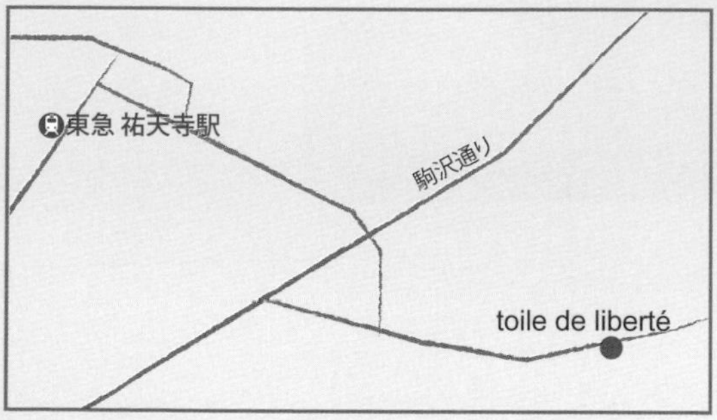

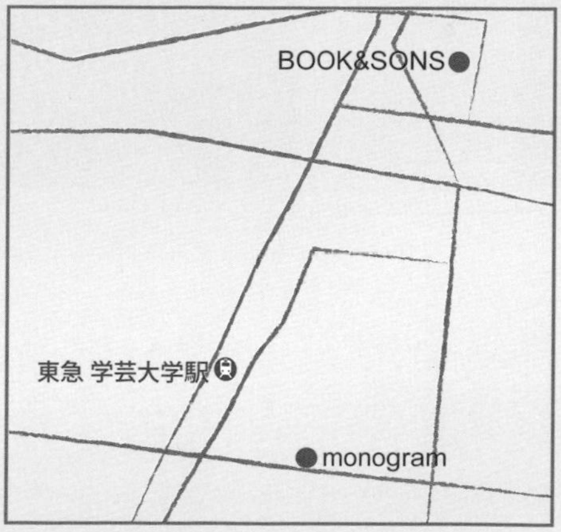

交通方式

・JR山手線「原宿駅」
・東京メトロ千代田線、副都心線「明治神宮前駅」
・東京メトロ銀座線、千代田線、半門線「表参道駅」

Column
東京日子 × Deby

在中目黑的日劇生活

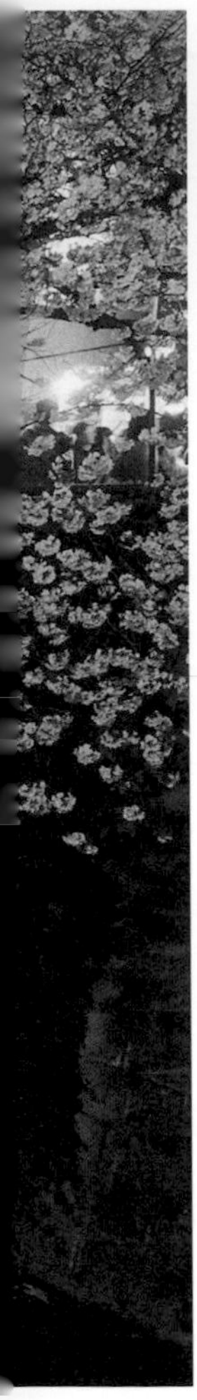

看著陽台總是會想起結夏帶著笑容在陽台揮手的那一幕

櫻花滿開的目黑川，中目黑的櫻花樹枝似乎特別低矮，彷彿伸手就可以觸及

如果說表參道是最像雜誌裡的東京地方的話，那麼中目黑就是日劇裡的東京了。

研究所時期因為住在東京較西邊，要到中目黑必須換好幾次車，所以造訪中目黑的次數可能單隻手數得出來吧！快畢業要回台灣前半年，隨著弟弟搬了一次家，搬到了離中目黑徒步三十分鐘的範圍之內，直達巴士也只要十多分鐘，自此就開始常去中目黑了。

結合各種風情的中目黑

如果有朋友來訪東京，散步行程不會缺少的也是中目黑。中目黑和其他景點不太一樣，它混合著生活感與時髦感，沿著目黑川還有成排的櫻花樹，或許就是這些特點，交織出中目黑獨特的氛圍，也讓許多

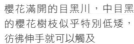

夜間點上粉紅燈籠，映照夜櫻有著不同於白天的面貌，是種帶著妖豔的美

日劇日影都選擇在中目黑取景，而最近最讓人印象深刻的非《最棒的離婚》(最高の離婚)莫屬。

以中目黑為故事背景的《最棒的離婚》

《最棒的離婚》描述兩對看似平凡的夫妻，在婚姻關係、以及離婚關係之下所體驗到的「家族」、「夫妻」究竟為何物。劇中沒有太多演員及場景，是以細膩的台詞堆疊出相當具有層次感的一齣好戲。編劇坂元裕二相當擅長刻畫角色的情感層面，透過與現實中實際存在的地點及事件做結合，讓戲劇也漸漸有了立體而真實的面貌。

劇中男主角光生和結夏家住在目黑川河畔的一棟小公寓二樓，一樓店面則是光生家從祖父代流傳下來的洗衣店。而現實生活中，目黑川河畔的確存在著一間洗衣店，只有一樓店面經過重新粉刷顯得雪白，而二樓開始的米白色牆面顯得略為老舊，河邊的櫻花樹枝枒伸得老

長，簡直就要侵進那個有著微微生鏽鐵欄杆的陽台了。走過幾座劇中常出現、能夠橫渡目黑川的橋，可以發現另一對主角灯里的SPA工作室，也靜靜佇立在另一側；看得出十分有年代感的建築物，似乎已經無人使用，只剩下充滿生氣的綠色藤蔓，占據整個白色的木造陽台。

看過日劇之後，每次只要到中目黑散步，就會忍不住在洗衣店多張望幾下，總是覺得自己彷彿闖入了主角們的生活，有種活在日劇裡的錯覺。

最美也最噪雜的櫻花季

每年櫻花季則是中目黑的一大節日，目黑川的櫻樹似乎比較低矮，垂下的櫻花彷彿觸手可及。河岸掛上桃紅色與白色相間的燈籠，沿路的商家紛紛推出適合邊走邊吃的小點心或是飲料，彷彿祭典一般熱鬧。走在櫻花滿開的目黑川，賞櫻之餘也不忘和朋友一起調侃討厭櫻花的男主角光生，想像他此刻應該

擁有各種面貌的目黑川

1.透過夏日櫻樹茂密的枝葉，看到的光生洗衣店／2.逢櫻花季的時候，就算是平日白天，人潮也是絡繹不絕的呀／3.走過橫跨中目黑的橋，忍不住覺得就要跟主角們擦身而過了

重新粉刷過的店面還是有著劇中的輪廓，經過馬上就會認出

被賞櫻人群弄得很焦躁吧？經過洗衣店往二樓張望，驚訝地發現以往空空如也的二樓似乎有了入住的痕跡，陽台上也懸掛著洗滌過的女性衣物，入戲太深的我們忍不住笑著討論說，是不是結夏回家了呢？或許光生等待的春天真的來了吧？

在咖啡廳喝杯咖啡，偽裝一天日本上班族

中目黑
複合式空間

上班族的夢幻辦公室

THE WORKS

咖啡吧呈現復古美式氛圍

沿著目黑川漫步十來分鐘，將會看到一棟灰黑色的建築物，它就是舊倉庫兼事務所改建而成的THE WORKS。一樓有餐廳及咖啡廳，二樓是活動空間，三到五樓則是出租辦公室。原本舊倉庫留下的空氣感，讓沒有浮誇裝飾的現有空間更有味道。各種不同業種的人齊聚一堂，在共用空間彼此交流，或是下樓喝杯有折扣的咖啡，櫻花季還能順便賞個花；就算我們無法擁有這麼夢幻的上班場景，至少可以走進一樓充滿復古風味的咖啡廳喝杯咖啡，感受夢幻氣氛。

設有外帶窗口，似乎會有上班族沿著目黑川騎腳踏車來外帶呢

1.落地窗正對著目黑川，絕對是賞櫻時節的VIP席／2.正統咖啡器具煮出的咖啡非常美味／3.翻修後的門面，新潮卻仍保有一絲復古風，十分迷人

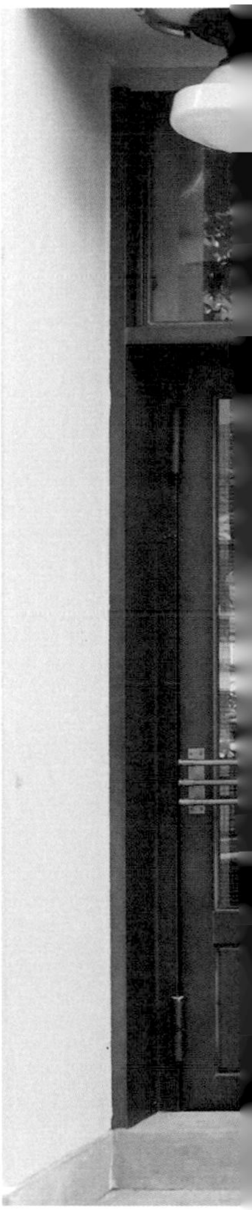

身著正式服飾的咖啡師
認真沖煮著咖啡

灰黑色建物搭配白色裝飾，讓原本老舊的建築物更顯層次質感

THE WORKS

地　　址 東京都目黒区青葉台3-18-3
時　　間 08:00～23:00
交通指引 東急東橫線「中目黒駅」徒步13分
東急田園都市線「池尻大橋駅」徒步8分
網　　址 theworks.tokyo

能在這樣的環境上班，實在太令人羨慕了！

在書桌上來場小旅行吧

TRAVELER'S FACTORY

中目黑
文具
咖啡廳

1

知名文具大廠MIDORI的TRAVELER'S系列，雖然在很多文具店都有鋪貨，但貨最齊全的似乎還是專賣店TRAVELER'S FACTORY了。除了最有人氣的notebook手帳系列之外，也有許多適合旅行攜帶，或是記錄旅行的文具、旅行用品等等，讓你更容易整理旅行的回憶、選擇和你一起旅行的夥伴，或隨時在日常生活中帶入一點旅行風情。另外TRAVELER'S FACTORY二樓也是咖啡廳，似乎也很適合在那裡計劃下一個旅行！

2

喜愛文具手帳的人，
千萬要看緊錢包了！

1.5.各式商品和陳舊的倉庫氛圍非常搭配／2.4.門口的白色看板和薄荷綠色的門，是最明顯的標記／3.6.招牌商品為notebook手帳系列，品牌經常會推出不同主題的限量商品，讓粉絲為之瘋狂

TRAVELER'S FACTORY

地　址　東京都目黒区上目黒3-13-10
時　間　12:00～20:00，週二休
交通指引　東急東橫線「中目黒駅」徒步3分
網　址　www.travelers-factory.com

引領人們生活品味的選物店 (Select Shop)

1LDK apartments.

1.3.入口及走廊像是要踏入舊公寓一般，很符合店名的「1LDK apartments.」／2.可以外帶的咖啡廳「Taste and Sense」，店內也十分有1LDK風格

日本對於房屋的格局有獨特的稱呼方式，單身在外租屋的人通常是租用1LDK的房子，其中1代表一個房間，L代表Living Room，D代表Dining，K則代表Kitchen。位於中目黑的1LDK，從男性服飾店起家，店家以非凡的品味及眼光，慢慢將觸角延伸至食衣住三個層面，於是在原本服飾店的對面成立了「1LDK apartments.」，販售女性服飾、生活商品以及咖啡廳，精選世界或日本的好物引入店內販售，也就是現在日本最流行的選物店模式。貼近日常的店家命名，希望將不平凡的生活品味全面帶入日常生活。

1LDK apartments.

地　址	東京都目黒区上目黒1-7-13
時　間	12:00～22:00
交通指引	東急東横線「中目黒駅」徒步3分
網　址	1ldkshop.com

中目黑
咖啡座

中目黑風格的男子咖啡座

SIDEWALK STAND

1.咖啡師們在吧台煮著咖啡／2.咖啡使用清澄白河知名咖啡廳的豆子，偏厚重的口感也很有男子氣概呀／3.從窗景可以看到咖啡師和客人們開心地聊著天，讓人忍不住想一探究竟／4.位於中目黑精華地段街角，也有許多騎腳踏車前來的客人

以帥氣姿態佇立在目黑川沿岸街角的SIDEWALK STAND，水泥的壁面搭配無塗裝的木質和黑色雨棚，洗練不做作的感覺十分符合中目黑給人的印象。

中午販售咖啡及三明治，晚上也販售酒類的SIDEWALK STAND，其實店內的感覺更接近酒吧。吧台內的牆面貼有黑色磁磚，和有型的咖啡師們非常相配！在中目黑散步累了的話，十分適合來杯咖啡休息一下，感受更深入的中目黑氣氛。

SIDEWALK STAND

地　址 東京都目黒区青葉台1-23-14
時　間 09:00～23:00，不定休
價　位 ～￥999
交通指引 東急東橫線「中目黒駅」徒步5分

祐天寺
咖啡廳

復古可愛風味咖啡廳，讓女明星也私藏

toile de liberté

toile de liberté 的店主之一，是替許多知名品牌打造櫥窗設計的藝術總監。他重新翻修了位於祐天寺原本是榻榻米店的獨棟建築，想作為自己的工作室，但在因緣際會之下，結識了身為料理研究家的另一位店主，兩人就一起打造了這家結合二人優點的咖啡廳。藍色磁磚的可愛外觀、優雅的桌椅、擺放得恰到好處的裝飾，當然最有名的鬆餅也是鬆軟而可口，也難怪常有女明星或模特兒都上傳在這裡吃東西的照片啦！

別忘了偷偷環顧四周，
說不定女明星就在你身邊？

3

5

4

1.古董家具營造出的法式風情，讓女孩們都無法抗拒／**2.**招牌鬆餅鬆軟有彈性，淋上楓糖再搭配帶骨熱狗和培根一起享用吧／**3.4.**店內所有擺設都美得彷彿是雜誌場景／**5.**古董家具營造出的法式風情，讓女孩們都無法抗拒／**6.**沒有明顯招牌，但有著一眼就可以認出的外觀

toile de liberté

地　　址　東京都目黒区中町2-1-1
時　　間　10:00～18:00，週一、日休
價　　位　￥1,000～1,999
交通指引　東急東橫線「祐天寺駅」東口徒步9分
東急東橫線「中目黑駅」徒步16分
網　　址　www.toiledeliberte.com

6

古董相機店，對底片無法割捨的情懷

monogram

3

1

4

2

在數位時代的現在，相信還是有部分的底片愛好者，持續迷戀著底片的空氣感以及色澤吧！monogram小小的一樓內部，負責沖洗業務，外側則販賣相機周邊商品及底片。對底片攝影十分有熱情的店員們，都很熱心地回答顧客的各種問題。爬上側邊的樓梯後，二樓是展區，固定會陳列知名攝影徵稿網站「不管別人怎麼說，我就是最喜歡這張照片」(誰がなんと言おうと大好きな写真)集結成冊的寫真集，另外也不定期會舉辦攝影展。

1. 坐落在街角小小木門內的就是monogram，若不注意很容易就會錯過了呀／**2.** 從底片、相機背帶、相機包到相簿、紙膠帶，和底片相機有關的商品包羅萬象／**3.** 另一側的書架上陳列著「不管別人怎麼說，我就是最喜歡這張照片」寫真集／**4.** 二樓的展場空間不大但溫馨可愛

monogram

地　址　東京都目黒区鷹番2-19-13
時　間　12:00～20:00，週三休
交通指引　東急東横線「学芸大學駅」東口徒步1分
網　址　www.monogram.co.jp

學藝大學

書　店

字體書店，關於那些一筆一畫之間的藝術

BOOK&SONS

1.乍看簡約卻充滿設計感的小角落，十分讓人喜歡／**2.**黑白簡潔的外觀彷彿精準的白紙黑字／**3.**圖書館等級的藏書量，要從哪裡開始閱讀好呢？(本頁照片提供／BOOK&SONS)

東京街頭有許多主題書店，以藝術設計為主的書店也不在少數，但BOOK&SONS的特別之處在於專攻字體設計。由平面設計事務所營運的BOOK&SONS，認為文字在平面設計中，不管在機能性或美感上，都是特別重要的一環，而店名的來由，是希望把這些美好的價值觀傳遞給後世。

摩登簡約，又帶有一絲懷舊氣息的店內陳列，有大量日本及世界各國的書籍，彷彿圖書館一般，喜歡設計的人絕對會流連忘返。

BOOK&SONS

地　址　東京都目黒区鷹番2-13-3
時　間　12:00～19:00，不定休
交通指引　東急東橫線「祐天寺駅」東口徒步3分
網　址　bookandsons.com

視覺效果滿分的健康三明治

King George

代官山

三明治店

1

代官山一帶有許多大使館與外國組織，不知道是不是因為這樣，代官山不管是街道、氛圍或是店家，都帶有外國風情卻不失日式精緻風味。從白色的建築物以及充滿綠意的小庭院開始，到厚實而美麗的古董家具，蘇格蘭裔日本人的妻子與韓裔加拿大人的丈夫聯手打造的King George，果真充滿符合代官山的多國籍韻味。當然三明治也是不需多言的美味，但是絕對不可錯過的就是三明治的斷面秀！使用多種特選食材層層交疊的三明治，不只口味，視覺效果及配色感覺也經過精密計算，拍起照來超級上相，也難怪日本許多媒體、名人和部落客也都紛紛走訪了。

2

不管是食物還是空間，
打卡上傳照片絕對可以讓朋友們既羨慕又嫉妒！

1.3.吧台內除了製作餐點，也提供酒類，很適合時髦的小酌／2.彷彿來到外國友人家一樣的入口小徑／4.以白色為基底，加上恰到好處的裝飾／5.許多家具都是店主住在加拿大時家族一直使用的，充滿韻味／6.絕對要拍的斷面秀！五顏六色的內餡和分量感超級精彩

King George

地　　址 東京都渋谷区代官山町11-13 2F
時　　間 週一～五11:00～21:00
週六11:00～22:00
週日11:00～18:00
價　　位 午餐￥1,000～1,999
晚餐￥2,000～2,999
交通指引 東急東橫線「代官山駅」徒步3分
網　　址 crownedcat.com

代官山
古著店

英倫品味，代官山時髦風尚的古著屋

CARBOOTS

3

1

4

2

1.略為下挖的店面，從櫥窗可以窺見店內的滿滿商品／2.具有藝術感及玩心的陳列讓人忍不住會心一笑／3.看到人台就不會錯過了！清新古著風是店內主打／4.沒有很明顯的招牌，黃色磚牆和布面招牌與店融為一體，非常可愛

「CARBOOTS」的名字取自英式英文的「後車廂」，「Car Boot Sale」說的就是英國在自家後車廂擺攤的跳蚤市場。店內蒐集許多來自法國及英國的古著、古董飾品、雜貨，以及各式古董蕾絲、鈕扣、布料等素材，許多設計師及造型師也都會前往挖寶。店內不定時更換的陳列已是藝術等級，每次造訪都一定會有不同的驚喜，就算只是逛逛也值回票價，這大概就是古著店最吸引人的地方了吧！

CARBOOTS

地　址　東京都渋谷区代官山町14-5
時　間　12:00～21:00
交通指引　東急東横線「代官山駅」徒步5分
網　址　www.carboots.org

代官山
書店

終極版的完美書店樣貌

蔦屋書店

1.以大量玻璃及白色T字交織而成的牆面，十分具有通透感／2.除了有寵物遊戲區之外，也設有許多寵物掛勾，可以暫時勾住狗狗／3.分門別類的書籍來自各國，種類非常豐富／4.區域內除了書店，還有許多店家，漫步其中彷彿置身公園

已經成為愛書人士東京必訪的蔦屋書店，其實頗有歷史。首間店鋪在1983年創立於大阪，銷售書籍、電影、音樂，而後成為日本最大的DVD租借品牌。為找回創立時的初心，蔦屋書店選擇在實體書店漸漸式微的現代，重新以代官山為據點，創立了新的書店，甚至塑造名為「代官山T-SITE」的一整個區域，從餐廳、腳踏車店、寵物商品店，到可以自由閱讀書店內書籍的咖啡店，讓人絕對能在裡頭泡上一整天。

蔦屋書店
地　　址　東京都渋谷区猿楽町17-5
時　　間　07:00～26:00
交通指引　東急東橫線「代官山駅」徒步5分
網　　址　real.tsite.jp/daikanyama

代官山
複合式
商場

舊鐵道化身為美食、購物、休憩的樂活基地

LOG ROAD

1.在入口處就可以看見基地的狹長感，一旁的鐵絲牆面還留有一絲原本的線路味道／2.紅色的餐車由一旁的服裝品牌營運，很有美式風格／3.4.以木頭為基調的建築物襯上大量植物，在代官山顯得獨樹一格且精緻

東急東橫線地下化後，原有的地面線路到哪裡去了呢？代官山的LOG ROAD就利用這樣狹長的腹地，塑造了一個充滿綠意的商用空間。包含多家首次進駐東京的品牌，從美食到生活用品、服飾品牌樣樣俱備。除了商品之外，木造建築物的特殊配置，還有素材與植物所帶來宛如度假勝地的療癒感，也是LOG ROAD的精彩之處呀！

LOG ROAD

地　　址　東京都渋谷区代官山町13-1
時　　間　依各店鋪而定
交通指引　東急東橫線「代官山駅」徒步4分
網　　址　www.logroad-daikanyama.jp

代官山
複合式
商場

老舊商場的純白新樣貌

TENOHA

1.依稀可看出原本復古造型的建築物，在翻修後呈現出不同的樣貌／2.入口左手邊即是家飾雜貨店「&STYLE STORE」／3.讓人經過會不自覺停下腳步的美麗大門及中庭

在代官山精華路段的十字路口，原本是略有時代感的購物商場，但在策劃之下，重新被打造成洗練時髦的複合式商場。結合餐廳、家飾雜貨、會員制辦公室。

以網路商店起家的家飾雜貨店「&STYLE STORE」不只選貨眼光精準，也能在商品旁的標示上，看見獨有的商品故事。還有鎌倉起家的「PALETAS」水果冰棒，就算大排長龍也別忘了一嘗。但最吸引人的，還是它綠意盎然的中庭空間，晚上亮起小燈泡更是美麗喲！

TENOHA

地　址　東京都渋谷区代官山町20-23
時　間　依各店鋪而定
交通指引　東急東橫線「代官山駅」徒步3分
網　址　tenoha.jp

Part 3

大江戶線：神樂坂・藏前・清澄白河

圈起新舊東京的環狀線

說起環狀線，大家首先會想起山手線，
其實幾乎圈起整個東京的大江戶線也十分具代表性，
它連通起充滿都市氛圍的都心區域，與下町風情的東東京。
購買都營一日券在大江戶線玩上一天就可以同時體驗兩種東京！

\# 重點飾品 # 設計師款 # 氣質上班風

TODAY'S OUTFIT

本日穿搭

簡約風格走在都心或下町都適合，
黑白搭配更是永遠的王道。
覺得太樸素的話就加上重點飾品吧！
日本設計品牌PORTRAIT THINGS的耳環帶著彩虹光，
不同角度顯現的顏色都不相同，
特別的幾何形狀十分有個性，
讓簡單的整體造型看起來更精緻。

Top ∕ moussy · Bottom ∕ starmimi · Shoes ∕ adidas original · Bag ∕ KARA · Earrings ∕ PORTRAIT THINGS

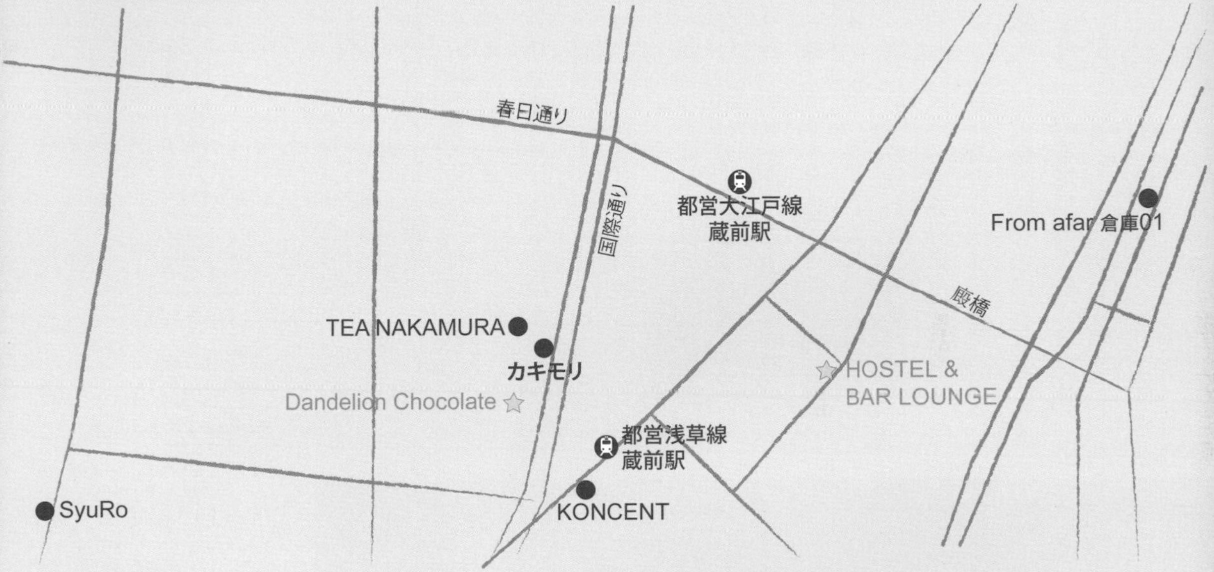

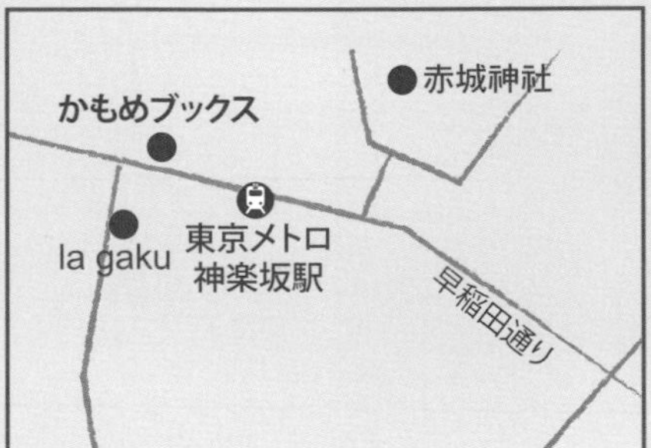

交通方式

都營大江戶線：牛込神楽坂駅、蔵前駅、清澄白河駅

Column
東京日子 × Deby

通勤在深不見底的大江戶線

大江戶線在東京算是落成得晚的一條地鐵路線，在地下空間已趨飽和的現況之下，大江戶線只好繼續往下開挖，沿線各站的深度大約都在地底二十公尺處，六本木甚至有月台在四十公尺深。

和日出賽跑的實習通勤生活

研究所二年級的那一年，每週都會有一兩天要在天剛亮，甚或是還沒亮的一大早出門，花大約一小時的時間，從東京的西邊一路換車到東邊，才能抵達實習工作室的倉庫。

實習的工作室是在做攝影的陳列設計，大部分是寫真集或雜誌的拍攝，聽說偶爾也有音樂錄影帶的拍攝。所以工作時間並不固定，平常沒有拍攝的時間，可能會在倉庫整理道具和場景用的人造花，或在工

下班時間的新宿南口

作室做道具，也有可能會上街，或是在出租道具的專門店裡找尋各種風格的道具。若是碰到拍攝工作，必須往前推算進棚時間、準備時間，還要算上從倉庫準備好道具、上貨車，再進到都心內攝影棚的時間，通常都早早就得到攝影棚報到了，所以必須更早從遠在東京市部的住處轉兩次車、坐三條線到倉庫所在的清澄白河報到。結束拍攝後反推一樣的步驟，加上在攝影棚站一整天的疲累感，我通常會選擇坐上大江戶線，回家只需轉一次車，而且上車地點冷門，不會有人搶位置坐。

對於大江戶線的體感記憶

那個時候的清澄白河還沒有掀起咖啡浪潮，觀光客數量不多，回家路上依序上車的，大部分是上班族，然後對滿手洗不乾淨的油漆的我，投以奇怪的目光。日本社會對於特別不同的人事物，包容度其實很低，相對於通勤時間西裝筆挺或俐落套裝的其他乘客，打扮輕鬆又缺乏清潔感的樣子確實是有點突兀。但是一整天的疲累感已經勝過不自在，時間久了也就習慣這樣的目光了。甚至這樣過了一年結束實習後，每當踏進大江戶線的改札(閘口)時，就會有一股莫名的疲累感湧上身體。不過這股疲累感，隨著近年來走訪清澄白河的目的，已變成到現代美術館看展、在附近喝喝咖啡，而漸漸消散了。只是每當站在新宿大江戶線那個從改札到月台的長長手扶梯時，還是偶爾會想起那段坐在通勤電車上的日子，大江戶線特別的地底氣味，還有那些上班族的視線。

實習時花最多時間的事，就是在道具倉庫裡整理永遠整理不完的人造花

似乎是唯一一張在日本攝影棚工作的照片，高壓的工作環境連拍照記錄都不太被允許啊

新宿通往大江戶線的改札，要到月台還有好幾段長長的手扶梯要坐

赤城神社

赤城神社
おまいりのしかた
赤城神社

神樂坂
神　社

東京最有設計感的現代風神社

赤城神社

神社必備的抽籤處，也顯得簡潔大方

創建於1300年的赤城神社，在近年與三井不動產合作的再生計畫之下，不只修復了原本老朽的建築，取得了七十年的地上權後，三井不動產甚至在一旁的空地興建了新公寓，摩登和風的建築物及新建的神社本身，均出自建築師隈研吾的手筆，他擅長使用自然素材帶出幾何線條，以原木色澤為主體的神社，搭配玻璃帷幕，巧妙以嶄新手法呈現傳統文化，具現代感卻不突兀，難怪日劇《最後的灰姑娘》(ラスト・シンデレラ)也曾經在此取景。

赤城神社

地　　址　東京都新宿区赤城元町1-10F
時　　間　24小時開放
交通指引　都営大江戸線「牛込神楽坂駅」A3出口徒步8分
東京メトロ東西線「神楽坂駅」出口1 神楽坂口徒步1分
網　　址　www.akagi-jinja.jpcom

神樂坂 商場

出版社倉庫的時尚文藝再造

la kagu

一直覺得神樂坂是一個很特別的場域，散發著日本古風跟些微法式風情，還有著許多大小出版社，有著濃濃的人文氣息。la kagu與赤城神社雖然風格大不同，但一樣出自建築師隈研吾之手。原為出版社「新潮社」的倉庫，在化身為商業空間時，依舊保持了工業風的倉庫框架以及文藝的氣息，加上品味選物和時髦咖啡廳，滿足大家對於文藝式生活的想像。因應節日的各種活動企劃及講座也十分有趣，想必日本文青週末能在這邊消磨上一整天吧！

文青們不可錯過的
文藝生活景點

3

5

4

1.4.保留原來倉庫的部分材質，再使用新穎的金屬材質及溫潤的木材下去拼貼，散發獨具一格的風情／**2.3.**附設的咖啡廳明亮開放，主打「MEAT & BREAD」，講究的肉類及麵包頗受好評／**5.**根據不同企劃，書架上的書依照主題做更換，讓書迷們能隨時都有新發現／**6.**看似簡單的輕食實際並不簡單，菜單由知名食物企劃馬詰佳香規畫，設計成像報紙的樣子

6

la kagu
地　址 東京都新宿区矢来町67番地
時　間 11:00～20:00
交通指引 都営大江戸線「牛込神楽坂駅」A2出口徒歩7分
東京メトロ「神楽坂駅」出口2(矢来口)徒歩1分
網　址 www.lakagu.com

與書本的邂逅場所

かもめブックス

神樂坂
複合式
書店

1.咖啡是來自京都的自家焙煎品牌WEEKENDERS COFFEE，從義式到手沖都有提供／2.為了和閱讀者有交流，書店常常舉辦徵文活動，會寫在門口的小黑板上／3.藍色的天棚襯著室內透出的黃色溫柔光線，讓人忍不住想前往一探究竟／4.藝廊空間也時常有展示，讓空間更增添了藝術氣息

原本是校稿公司的鷗來堂，在一間在地書店無預警關閉後，突然發現了實體書店即將式微的窘境。網路書店雖然便利，但卻讓人們失去了購買之前與書面對面的機會。為了傳遞與書邂逅的感動，鷗來堂決定接手這間書店，精心挑選每一本書，也在陳列和書籍介紹上下足功夫，希望能把珍惜書本的心情和書店的有趣之處帶給大家。另外也有美味的咖啡及藝廊進駐，走一趟書店，身心都能得到滿足！

かもめブックス

地　址　東京都新宿区矢来町123
時　間　週一～六10:00～22:00
週日11:00～20:00
交通指引　都営大江戸線「牛込神楽坂駅」A2出口徒步10分
東京メトロ東西線「神楽坂駅」出口2(矢来口)徒步1分
網　址　kamomebooks.jp

量身打造獨一無二的書寫體驗

カキモリ

藏前
文具店

1.位於大馬路旁的カキモリ，有著淡雅而低調的外觀，小心不要走過頭了／2.內裝則以木頭為主體，加上鮮豔的點綴，還有各式色彩繽紛的商品，非常活潑／3.製作筆記本有四個步驟，需要做四次挑選，每次都好猶豫啊／4.等待筆記本製作時，可以看到職人的製作過程，或是繼續在店裡逛逛

希望能讓人們更加愉快的書寫，是文具店カキモリ的出發點。不管是寫信、塗鴉，如果有了用自己喜歡的紙張所做成的筆記本，那麼在寫字時一定會非常開心吧！在カキモリ，從書皮、內頁、線圈到書封，全都可以自己選擇，能夠製作出專屬於自己的本子。除此之外，連墨水都能按照自己的喜好訂做！店內也陳列著各式文具和鋼筆，鋼筆甚至一支一支的細心附上了詳細介紹與字跡，小小的店面有著豐富的商品及情感，絕對能滿足文具控的心情。

カキモリ
地　址 東京都台東區蔵前4-20-12
時　間 週二～五12:00～19:00
週六～日11:00～19:00，週一休
交通指引 都営大江戶線「蔵前駅」A5出口徒步3分
都営浅草線「蔵前駅」A4出口徒步3分
網　址 www.kakimori.com

人與設計商品之間的牽絆

KONCENT

藏前

生活雜貨

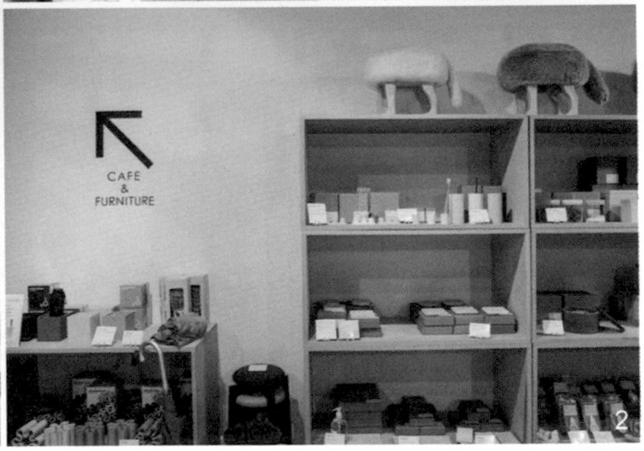

1.2.店內商品非常多元而新奇，日本製的商品也很多，很適合在此挑選紀念品／3.位於大樓一樓的KONCENT，淺木色為基底的店面，搭配五顏六色的商品，活潑的氛圍，光看就讓人心情大好／4.也有許多以新設計呈現舊工法的作品，新舊融合出新風貌

KONCENT是設計公司h concept負責營運的店鋪，有自己的設計商品品牌，同時也替許多設計品牌做設計規畫，大家最熟悉的soil珪藻土吸水墊，就是出自他們的手筆。從自社商品到各地職人手作製品，所有物件的共同點在於都是出自人們的製作。而KONCENT希望能成為將製作者與使用者連接起來的基地。在這裡能夠實際碰觸到品牌設計監製的商品，這些具有小巧思的商品，把設計帶進日常，讓人在每個生活的片段，都能會心一笑。

KONCENT

地　址　東京都台東区蔵前2-4-5

時　間　11:00～19:00

交通指引　都営大江戸線「蔵前駅」A6出口徒步6分
都営浅草線「蔵前駅」A3出口徒步1分

網　址　koncent.net

藏前

生活雜貨

感受職人手感的美好

SyuRo

1.原本粗獷的材質在比例及顏色的調和之下，也變得細緻起來，非常符合SyuRo風格的外觀／**2.**低下頭換個角度，會發現在細微之處也有充滿巧思的陳列／**3.**跨過陳列櫃的內部，工作人員正在忙碌中，SyuRo也有承接各式產品及空間的設計案／**4.**各式生活相關的雜貨，隨性卻不雜亂的擺放於空間中

由產品設計起家的SyuRo，對於生活上所使用的各式生活雜貨情有獨鍾，希望將日本職人的技術，或是庇護工場所製作的產品分享給更多人知道。店內擺設著許多有溫度而美麗的產品，就像是剛進門時工作人員送上的那杯茶一樣，能在酷暑沁涼人心。產品旁皆放置著小小告示牌，書寫著關於每個產品的故事背景。或許在知道了那些產品背後的故事之後，我們就能更加理解它蘊含的價值，並用更不同的角度去觀看它了吧！

SyuRo

地　　址　東京都台東区鳥越1-15-7
時　　間　12:00～19:00，週日、國定假日休
交通指引　都営大江戸線「蔵前駅」A5出口徒步13分
都営浅草線「蔵前駅」A3出口徒步11分
網　　址　www.syuro.info

藏身下町的咖啡廳！
想偷偷私藏的美麗空間

藏前

藝廊咖啡

美感滿分的祕密基地

from afar 倉庫 01

長桌空間也會用來舉辦活動或上作營

出了車站跨過隅田川，在藏前與淺草之間，靜靜現身在小路上的from afar 倉庫01，是由兩位年輕店主一手自木材倉庫打造成現在的美麗面貌。很難精準定位這個空間的功能性，他們販售礦物、郵票、古道具、飾品、藝術家作品等物件，還有著非常有品味的花店進駐，也會舉辦活動或展覽。當然也提供咖啡，另外還有台灣茶、中國茶以及美味的手作甜點。店主們以自己的獨特美感，堆疊出整間店的全貌，是會想偷偷藏在自己心裡的那種美好空間。

2

1

1.2.不定期更換的手作甜點，每次都很讓人期待／**3.**店主收集來的各種礦石，亮晶晶地非常美麗／**4.5.**店內也有一些特殊的古道具，想像它的用途也是件十分有趣的事(P.74～77照片提供：from afar 倉庫01)

從商品、空間、選書到每
一個小細節都品味十足

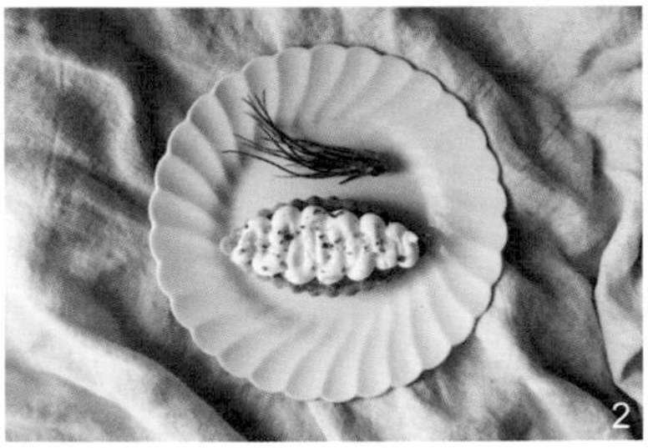
2

From afar 倉庫01

地　　址　東京都墨田区東駒形1-1-9
時　　間　12:00～19:00，週一、二休
價　　位　￥1,000～1,999
交通指引　都営大江戸線「蔵前駅」A7出口徒步6分
都営浅草線「蔵前駅」A2出口徒步9分
網　　址　www.fromafar-tokyo.com

每個角落每個時刻都有著不同的美麗面貌

5

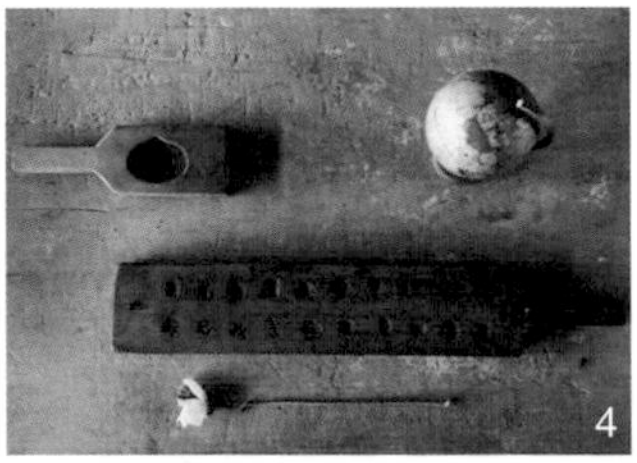
4

3

藏前 茶店

不只有機更要有型的日本茶商店

NAKAMURA TEA LIFE STORE

3

1

4

2

1.只用深藍色暖簾做出內外區隔的店門，讓人忍不住想一探究竟／2.現場型男店主也會泡茶給顧客試喝／3.冷泡茶瓶光看就覺得好清涼解渴呀／4.多種款式的日本茶可供選擇，每款包裝都簡約而有質感，很適合送禮

隱身住宅區內小學圍牆的一旁，有一家紅色磁磚配上深藍色暖簾的店家特別顯眼，那就是NAKAMURA TEA LIFE STORE。在靜岡已經有種茶百年經驗的中村家，目前以完全無農藥的有機栽種方式生產著日本茶。負責經營的年輕店主，與中村家一樣出身自靜岡，希望能將中村家茶的美味帶給更多人知道，於是運用自己設計師的背景，重新包裝了好友家的茶葉，希望將茶葉更融入年輕人的生活。除了外觀之外，從茶的背景、各種細節介紹到泡法，店家都會一一介紹傳授，絕對是個能夠更了解日本茶文化的好地方。

NAKAMURA TEA LIFE STORE

地　址　東京都台東區蔵前4-20-4
時　間　12:00～19:00，週一休
交通指引　都営大江戸線「蔵前駅」A5出口徒步6分
都営浅草線「蔵前駅」A3出口徒步3分
網　址　www.tea-nakamura.com

清澄白河
文化複合設施

設計工作室跨足經營的新場域

gift_lab GARAGE

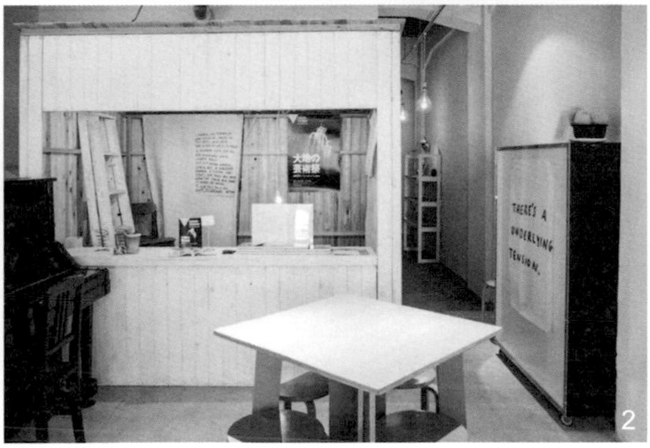

1.簡約而主張強烈的門面十分上相討喜／2.光顧時正好是越後妻有大地藝術祭的時期，店內也特別製作了介紹特區／3.店內陳列許多獨立出版書籍，就算不吃吃喝喝也可進去翻翻／4.店內風格簡單乾淨卻又留有一些粗獷的設計感，拿捏得十分巧妙

設計工作室、咖啡廳、藝廊、商店，將這幾者綜合起來的空間，就是gift_lab GARAGE了。綜合了清澄白河的咖啡文化及藝術氣息，設計公司gift_design創造了這個場域，並將以「越後妻有大地藝術祭」聞名的越後妻有食材引入，加上東京式的手法做些變化，以週末限定咖啡廳的方式對外營業。藝廊空間除了定休日外皆有開放，不定期推出與音樂、藝術相關的展覽及活動，希望能用獨特的視野將音樂與藝術帶進大家的生活。

gift_lab GARAGE

地　址　東京都江東区白河1-3-13
時　間　11:30～19:00，週二休、週三不定休
價　位　￥1,000～1,999
交通指引　都営大江戸線「清澄白河駅」B1出口徒步2分
網　址　www.giftlab.jp/garage

清澄白河咖啡熱的先驅者

AriSE

1.沒有突出招牌的門面，但立地優勢加上復古感卻意外吸睛／2.店內以手沖為主，可以比較飲用多種不同款的咖啡豆／3.老闆是學設計出身，所以店內物品雖多卻擺設得別有一番風味／4.烘豆中的老闆，非常親切，除了咖啡之外也可以跟他聊聊滑板和音樂

融合著新舊場域與各種氛圍的街道中，靜靜的佇立在Y字路肩的ARiSE，在清澄白河開始這波咖啡熱潮之前就已經進駐。老闆曾經在老字號咖啡店工作過一段時間，離開後自己成立了咖啡品牌，在這個小小的三角窗店面內，主要以烘豆為主，店內時常備有五種左右的豆子，老闆都會熱心介紹每種的特色，也可以將喜歡的咖啡豆打包回家。如果想更舒適地慢慢品嘗，徒步到附近清澄庭園前的二號店ARiSE COFFEE ENTANGLE，也是一個不錯的選擇。

ARiSE

地　址 東京都江東区平野1-13-8
時　間 09:30～18:00，週一休
價　位 ～￥999
交通指引 都営大江戶線「清澄白河駅」A3出口徒步7分
網　址 arisecoffee.jp

清澄白河
咖啡廳

藍瓶咖啡在東京

Blue Bottle Coffee 清澄白河

1.簡約的純白建築物，就是Blue Bottle Coffee／**2.**咖啡種類非常多，有什麼偏好記得告訴咖啡師，一定可以找到自己喜歡的口味喲／**3.**店內咖啡師人數非常多，每個人都專心處理著手上的咖啡／**4.**除了咖啡豆，還有很多周邊商品可以帶回家

號稱是咖啡界蘋果的Blue Bottle Coffee，亞洲區的第一家分店就座落在清澄白河，據說原因是清澄白河的氛圍，十分類似美國總公司所在地的奧克蘭。

保留了建築物原本的倉庫風格，明亮簡單的空間很讓人喜歡。但最壯觀的還是店內大陣仗的咖啡師一字排開，讓客人親眼看到咖啡師在平台上製作自己的咖啡，甚至櫃檯後也能窺見烘豆過程，東京各店所使用新鮮咖啡豆就在這裡製成，從烘製完成到沖泡不超過四十八小時。雖然現在已陸續有幾家分店，但清澄白河店還是絕對值得造訪。

Blue Bottle Coffee 清澄白河

地　址 東京都江東区平野1-4-8
電　話 08:00～19:00
價　位 ～¥999
交通指引 都営大江戶線「清澄白河駅」A3出口徒步10分
網　址 bluebottlecoffee.jp

Part 4

中心區域：日本橋・銀座・馬喰町・東京・神田

發現東京的古老而美好

位於東京中心區域的中央區和千代田區，是東京最早開始發展的區塊。千代田區也曾是江戶城的所在地，於是從江戶時期就十分繁榮，時至今日仍是日本重要的經濟、商業核心。不知為何略帶棕色調的街景帶有一絲懷舊氣息，新舊日本的融合非常有趣。

#復古千金風

TODAY'S
OUTFIT
本日穿搭

稍微復古的穿搭跟這裡最融合，
色系也選擇不突兀的卡其棕，
再用現代感的背包和涼鞋去混搭，
打造服裝上的新舊融合感。

Top／Vintage ‧ Bottom／starmimi ‧ Shoes／青豆 ‧ Bag／KARA

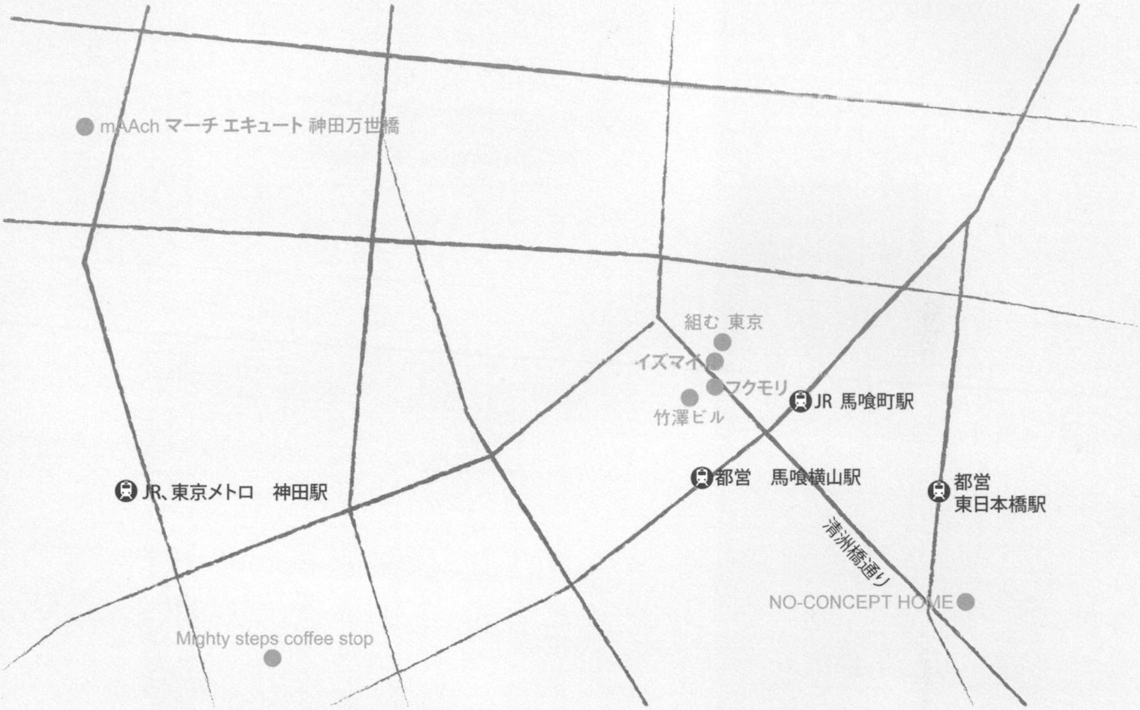

交通方式

中心區域的地鐵站十分密集，建議可以選擇順路的站下車，然後在附近散步喲！

每年秋天，神田街道的藝術變身

藝術作品的題材多元，特別是結合廢棄大樓的展覽很讓人印象深刻

在東京讀研究所的時期，比起坐在教室裡上課，在外吸收各種藝術設計新知的時間，或許還多得多。當然學校的資訊也非常豐富，校內有許多名人教授所帶來的影響是——有更多展覽都會跟教授們牽上線，學校也會提供販售管道，再不然也可以把握學生票的優惠，有些美術館甚至只要持有美術大學的學生證，就能免費參觀常設展。就在這樣的機會下，有一年意外入手了一個名為「TRANS ARTS TOKYO」展覽的門票，在完全不知道展覽內容的情況之下，和研究所同學兩人就傻愣愣地跑到了現場，但接收到的想法與能量，卻比

TRANS ARTS TOKYO

時　間　每年秋天約10月底
網　址　www.kanda-tat.com

1.法國建築師Emmanuelle Moureaux的系列作品「100 colors」也在展覽中亮相／2.TRANS ARTS的展示方式非常多元，也利用了許多店鋪以及即將廢棄的大樓做展示

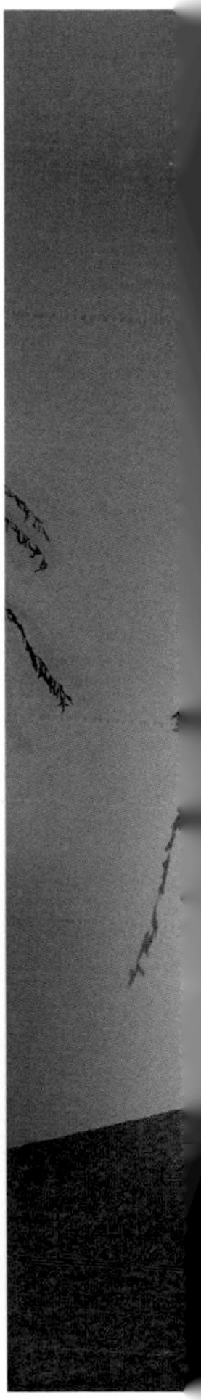

預期多了非常非常多。

與藝術結合的街區再塑造

由東京藝術大學主辦的「TRANS ARTS TOKYO」，希望能夠形塑一個超越世代、地域等關係的藝術計畫。於是主辦單位利用東京神田一帶的許多都市角落，從第一年的東京電機大學廢棄系館，到拆除後的舊基地，其後越來越往外擴散。拿著地圖一一觀賞的同時，覺得彷彿在玩大型大地遊戲一般，靠著自己的雙腳去體驗所謂的社區藝術。

從大型裝置藝術、都市內的藝術露營、時裝秀、行為藝術表演到講座與靜態展示，不侷限型態的作品，自由並充滿各種可能性。在多變的東京，每一年的主題與內容也都不盡相同，也或許是因為這樣才更顯有趣。這樣的展覽不只推廣了藝術本身，還能在整個區域成就出更多的交流，絕對是在藝術之秋非常適合走訪東京參加體驗的展覽之一！

高架橋跨越時代
框出新的畫面

神田 商場

舊橋梁注入新靈魂

mAAch マーチ エキュート 神田万世橋

明治時代以紅磚建造的萬世橋高架橋，曾經是連接了JR中央線的神田與御茶水的萬世橋車站。經過改造後，高架下的一樓部分，巧妙利用橋拱的空間，區分為各種面向的商店，二樓則是號稱最靠近電車的咖啡廳，身處其中，可以不停看見中央線由身邊呼嘯而過，是很特別的體驗。一、二樓之間的樓梯，則利用了車站原有的百年歷史樓梯，不只連接樓層，也連接了舊時代與新世代。

除了商場，展覽區塊也展示著舊時代的東京模型，還有許多陳述那個時代的書籍及影片

1

1.4.展覽區塊所展示的舊時代東京模型／2.3.活用橋拱空間的商店，特殊的空間構成，讓人忍不住想多拍幾張照片／5.就算建物本身的功能經過了多次改變，但樓梯一直被保留著完整的樣貌／6.外觀仍保留舊有樣貌的萬世橋

樓梯間還能看見原本的結構體

mAAch マーチ エキュート 神田万世橋

地　址　東京都千代田区神田須田町1-25-4
時　間　週一～六11:00～21:00
週日11:00～20:00
交通指引　東京メトロ銀座線「神田駅」6號出口徒步2分
JR京浜東北線・山手線・中央線「神田駅」北口徒步6分
JR京浜東北線・山手線・総武線「秋葉原駅」電気街口徒步4分
網　址　www.maach-ecute.jp

橋拱圈出一個個不同的新空間

新型態的正統派咖啡廳

Mighty steps coffee stop

新日本橋

咖 啡 廳

1

位於巷弄內的Mighty steps coffee stop有著標準的復古美式風格，店內從咖啡道具到器皿與小物裝飾，看似隨性卻都別出心裁。時常舉辦的各式活動也讓小小店面十分熱鬧。當然最重要的咖啡也非常正統，手沖順口、義式醇濃，難怪在外帶窗口等候的客人絡繹不絕。但最驚艷的還是非鹽味焦糖冰淇淋莫屬！焦糖甜中帶點微苦和微鹹，清爽卻切實的味道，讓人吃完一支後還是意猶未盡啊！配著咖啡也非常適合喲！

2

除了咖啡，其實冰淇淋更讓人回味無窮！

1.外帶窗口，非常適合午餐後順便帶一杯回辦公室享用呀／2.推薦冰拿鐵加上焦糖鹽味冰淇淋的組合／3.老闆和咖啡師都十分親切有趣／4.店內雖然位子不多，但是非常舒適／5.6.復古又色彩繽紛的小細節非常可愛

Mighty steps coffee stop

地　　址 東京都中央区日本橋本町4-3-14
時　　間 週一～五11:00～24:00
週六～日11:00～19:00
價　　位 ～¥999
交通指引 JR京浜東北線・山手線・中央線「神田駅」南口徒歩6分
JR総武本線「新日本橋駅」出口6徒歩2分
網　　址 www.facebook.com/mightysteps.coffee.stop

有故事的古道具再生

MAREBITO

茅場町
古道具

1

2

在其他店家的引薦下，找到這家更隱密的古道具店，就位在河邊舊公寓的二樓一隅。MAREBITO不只收藏老件，空間本身也是一個提供租借展覽、攝影的多用途空間。店主因興趣搜集來的古道具也提供買賣或租借，最吸引人目光的則是店主親手拆解改造後創作而成、散布在屋內的各式作品，每個角落都是店主獨特的美感呈現，值得細細品味。

解構再創作的古道具非常吸睛

3

5

4

1.3.6.空間不管遠觀或是近賞細節都非常美，很佩服店主的美感／2.MAREBITO隱身在一般大樓內的一角／4.各式看似不相干的古道具，放在一起卻意外地和諧而有風韻／5.最喜歡店主製作的這件作品，裝上溜冰鞋滾輪的鴨子

6

MAREBITO

地　　址　東京都中央区新川1-3-23 2B
時　　間　週四～五13:30～19:30
週六13:00～18:00
交通指引　東京メトロ日比谷線・東西線「茅場町駅」出口1徒歩3分
東京メトロ日比谷線「八丁堀駅」B1出口徒歩6分
JR京葉線「八丁堀駅」B1出口徒歩6分
網　　址　mare-bito.com

窄門後的一室古書

書肆 逆光

八丁堀

古書古物

1.窄門內樓梯的下方擺放著小小的木框招牌，不招搖的氛圍如同店內／2.各具姿態的古物們／3.比起一般二手書店還更有歷史的古書們，大量陳列在木製書櫃內／4.僅僅是公寓內的小小一室，卻擺進了所有店主所愛、美麗而有歷史的物件

在東京中心的舊城區，似乎有特別多特色小店藏身在大樓當中。若只是路過，一定不會察覺在餐廳旁的窄窄樓梯之上，還有另一個新天地。店主精心挑選各式年代久遠的書籍，並以他獨特的邏輯與眼光去排放；研究每家店不同的陳列方式，絕對是逛特色書店最有趣的事情之一。除了書之外，也有其他古鐵件、木件與瓷器等，與古書一樣，都能讓人欣賞到歷史痕跡的美麗。

書肆 逆光

地　址　東京都中央区八丁堀2-3-3
時　間　12:00～19:00，週日休
交通指引　JR京葉線「八丁堀駅」B1出口徒步6分
東京メトロ日比谷線「八丁堀駅」B1出口徒步6分
JR総武本線「新日本橋駅」出口6徒步2分

傳達物件不論新舊的魅力

NO-CONCEPT HOME

馬喰町

古道具

1.紅磚與黑色鐵件的立面組合，既復古又新潮，很符合店內給人的印象／2.一般古道具店較少見的服裝飾品，甚至樂器也陳列在店內／3.各種不同種類與風格的商品，像是百寶箱一般／4.品項多元但卻不讓人感覺到雜亂，都要歸功於在放滿商品的店內工作的店主

比起為了販售而附加的說明或名稱，NO-CONCEPT HOME的店名來自店主所希望傳達給顧客們的信念，也就是「物件的魅力來自於它的自身」。不論新舊及生產地，從古董到有機食品，只要是店主感受到魅力的商品就會擺在店內。在這樣的店裡，能感覺到新世代網路購物所不能體會的——透過五感親身體會而挑選自己愛用的物品。店內每件商品都數量稀少或是只有一件，如果邂逅了心愛的物品，千萬要把握機會呀！

NO-CONCEPT HOME

地　　址　東京都中央区東日本橋1-3-5
時　　間　11:00～21:00
交通指引　都営浅草線「東日本橋駅」B1出口徒步2分
都営新宿線「馬喰横山駅」A3出口徒步5分
JR総武本線「馬喰町駅」出口6徒步8分
網　　址　www.no-concept.info

用手做商品帶給生活更多細膩美好

組む 東京

馬喰町

生活雜貨

同時具備商店、藝廊、交流場所三種機能的「組む 東京」，店如其名，不管是會攝取進體內的食品，或是會碰觸於肌膚的、穿戴於身上的服飾配件，從細節迷人的黃銅開關座，到精緻特別的印泥，每一樣商品都充滿著生活的美感。「組む 東京」希望將海內外志同道合的人們「組合」起來，把手工製作的溫暖美好傳達給更多人知道。

從日常細節開始有更多講究

1.3.店內簡潔而帶有溫潤的質感／**2.**透著黃光的潔白店面／**4.**即便是一般生活中常見的商品，也都各有特色／**5.6.**商品種類分布極廣，卻有一貫的風格及手作感

組む 東京

地　　址　東京都千代田区東神田 1-13-16
時　　間　11:00〜21:00
交通指引　JR総武本線「馬喰町駅」出口2徒歩4分
都営新宿線「馬喰横山駅」A1出口徒歩4分
都営浅草線「東日本橋駅」A4出口徒歩7分
網　　址　www.kumu-tokyo.jp

馬喰町
藝廊咖啡

結合飲食與藝術於一體

馬喰町 ART+EAT

1

人與人，以及人與藝術的美好邂逅，這是馬喰町ART+EAT所希望帶給人們的。店主長年經手許多書籍雜誌的編輯、設計工作，在工作的延長線下，決定創造一個能讓大眾輕鬆接觸藝術的空間。店內不定期舉辦各種藝術展覽，不大的空間在這個時候發揮優勢，不管坐在哪一個角落，都能一邊啜飲下午茶，一邊近距離的欣賞作品。

2

面對藝術的午茶時光

1.4.6.訪問時正在展出的是生活道具松野屋(P.121)的展覽，店內陳列著滿滿具有生活美感的各式道具／2.3.不管內部更換成什麼樣的展覽，入口處總是有豐富的藏書和各式傳單／5.小小的招牌和帶著玻璃的門，讓人回想起小時候的教室，有種懷念感

アガタ竹澤ビル
馬喰町舊大樓內的雜貨藝術小天地

ART+EAT所在的建築看似一般大樓，其實內藏多家個性小店，每個樓層都有數個房間，看準招牌轉開門把就是不一樣的世界！

馬喰町 ART+EAT

地　址 東京都千代田区東神田1-2-11 竹澤ビル202
時　間 週二～四11:00～19:00(僅提供飲料甜點)
週五～六11:00～21:00
交通指引 JR総武本線「馬喰町駅」出口2徒歩3分
都営新宿線「馬喰横山駅」出口2徒歩2分
都営浅草線「東日本橋駅」A1出口徒歩5分
網　址 www.art-eat.com

馬喰町
雜貨店

充滿童趣的世界級尋寶之地

JAMCOVER

1

JAMCOVER原本僅販售藝術家創作的雜貨，開店是為了建立藝術家與顧客們的橋梁。隨著時間的經過，漸漸增加了許多手工藝材料、外國進口雜貨和文具等品項，甚至也開發了自己的商品線，塑造出屬於自己的雜貨之路。店內大量色彩繽紛的各式雜貨，結合了歐洲與日本風格，復古而充滿童趣，很適合來此挖寶。

2

推開門後看到的是
五顏六色的小世界

1.2.3.從天花板到地板，滿滿的商品讓人有種在逛集中版跳蚤市場的感覺／**4.**特別喜歡這個按顏色排列的復古髮飾別針區域／**5.**商品種類跟色彩都非常多樣性／**6.**沒有醒目的招牌，取而代之的是佇立在門口的可愛小鹿模型

JAMCOVER

地　　址　東京都千代田区東神田1-2-11竹澤ビル405
時　　間　12:00～19:00
交通指引　JR総武本線「馬喰町駅」出口2徒步3分
都営新宿線「馬喰横山駅」出口2徒步2分
都営浅草線「東日本橋駅」A1出口徒步5分
網　　址　www.jamcover.com

山形食材與食文化的傳遞處

フクモリ

馬喰町 食堂

3

1

4

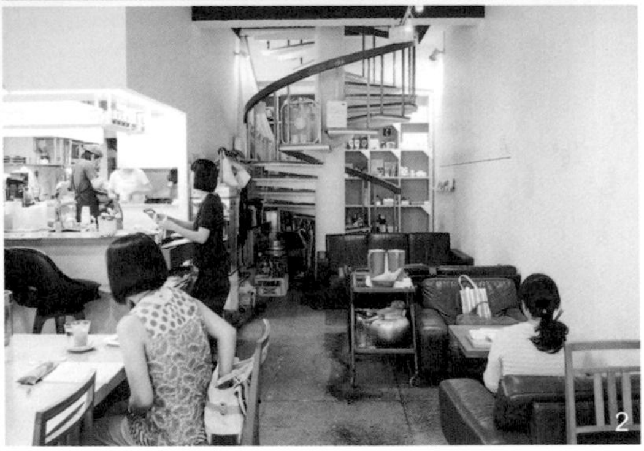

2

1.白色搭配木頭色的門面清爽而溫暖，很符合店內的印象／2.不是非常時髦卻有自己味道的店內，的確不少一個人用餐的客人／3.不定期變化的午間定食，在日本難得能在外頭吃到沙拉之外的青菜／4.許多東京少見的特殊山形食材

說起馬喰町附近的店家，絕對不會被漏掉的就是フクモリ了。希望能提供一個人用餐也舒適的空間而打造出的フクモリ，具有一種不矯揉造作的俐落感，回訪多次人潮總是絡繹不絕。由山形引入的食材與菜單，也都是簡單而直接的美味，吃得出食物原本的細緻滋味。除了定食之外，現場亦販售山形的食材，讓顧客也能把山形滋味帶回自己家的廚房。

フクモリ

地　址　東京都千代田区東神田1-2-10
時　間　11:30～23:00，週日休
價　位　午餐￥1,000～1,999
晚餐￥3,000～3,999
交通指引　JR総武本線「馬喰町駅」出口2徒步3分
都営新宿線「馬喰横山駅」出口2徒步2分
都営浅草線「東日本橋駅」A1出口徒步5分
網　址　fuku-mori.jp

一次只賣一本書的書店

森岡書店

新富町
書店

1.3.4.書店的中央陳列著當週的書籍，牆上則懸掛著相關展品／2.舊大樓內的新穎書店，更襯托出不一樣的美感

經營書店多年的店主試圖扭轉一般人對於書店的刻板印象，選擇在銀座一帶靜謐的路段上、充滿歷史味道的大樓一樓開設了這家書店，每週推出不同的企劃，一次只販售一本書。與其說森岡書店是書店，或許更像一個以書為主體的展覽空間，讓閱讀者對於書籍的認識不再只停留於表面，而能更深入地去探索書本的深層意涵。

森岡書店

地　址　東京都中央区銀座1-28-15
時　間　13:00～20:00，週一休
交通指引　東京メトロ有楽町線「新富町駅」出口1徒步3分
JR京葉線「八丁堀駅」A1徒步8分
東京メトロ日比谷線「八丁堀駅A1」徒步8分

Part 5

谷根千區域：上野・谷中・根津

老屋再生，窺見舊東京的樣貌

日暮里車站附近的谷中、根津、千馱木這三個地方合稱「谷根千」，
這個區塊過去未受到戰爭波及，也因不在市中心而避免了大型開發，
所以保留的下町風情非常具有特色，近年也新加入許多老屋新店。
就算沒有什麼特殊的目的地，只是走走逛逛，
這裡的沉穩氣氛，也能帶給人一種療癒的感覺。

古著感 # 復古色系 # 下町復古風

TODAY'S OUTFIT
本日穿搭

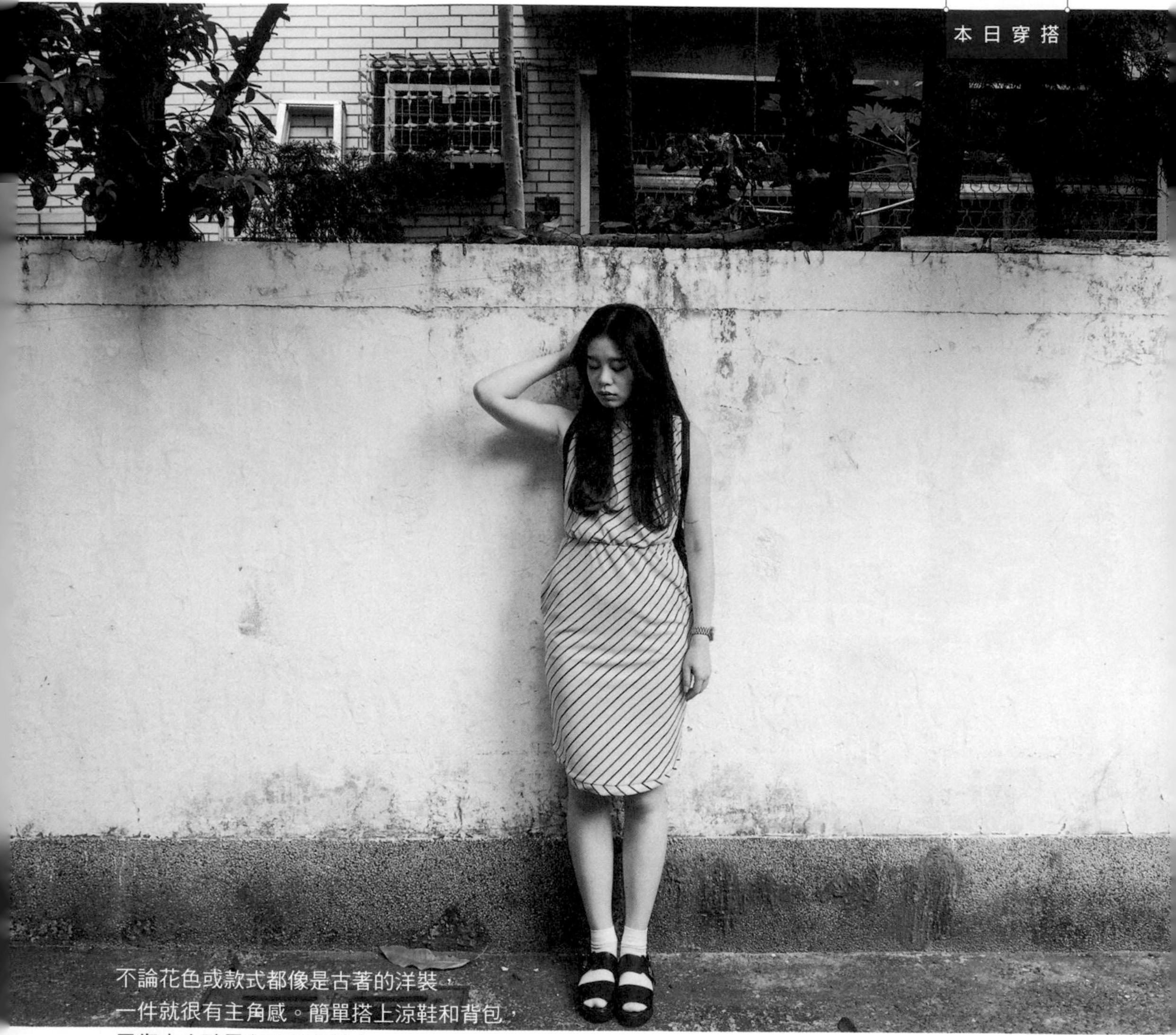

不論花色或款式都像是古著的洋裝，
一件就很有主角感。簡單搭上涼鞋和背包，
用復古女孩風在下町走跳！

Top ／ Lily Brown · Shoes ／ 青豆 · Bag ／ KARA

交通方式
・JR山手線「日暮里駅」
・東京メトロ千代田線「根津駅」、「千駄木駅」

Column
東京日子
×
Deby

東京的老屋新力@谷根千

和樹木幾乎融為一體的木屋是當地小有名氣的地標

谷根千區域的道路尺度普遍較市區狹窄

還記得研究所時，有一天在跟老師討論設計，剛好聊到了台灣近年來舊建築再改造、再利用的風潮。我用筆記型電腦搜尋了一些照片給老師看，其中一個案子，是大膽地將原本的老屋拆除部分，另外又增建了新的建築量體，與舊建物做結合。我指著這個案子對老師說：「這是台灣最近很紅的商業建築。」老師看著螢幕撇了撇嘴，反問：「所以增建這些部分的用意是什麼？」

傳統與創新的平衡

大學開始受了一系列關於設計脈絡、設計邏輯的思考訓練，並且對舊建物再改造、再利用的題材一直非常感興趣，但其實我從未曾思考過老師提出的這個問題。老師看著語塞的我，繼續說：「為什麼要把舊的部分拆除呢？為什麼不好好使用原本的建築物就好呢？原本的模樣不好嗎？」

研究所的指導老師是個已經滿頭白髮、年紀介於父輩和祖輩間的九州男子，靠近南方的生長環境，對比於東京人就是比較直率且乾脆。雖然事後經過查詢，發現我們討論的台灣案例是因為年久失修而需要拆除部分建物，但回想老師當時的疑問，似乎也直接反應了日本人對待「舊建築再利用」的議題時，所

抱持的態度。對他們來說，原本的樣子才是最好的樣子。

走向下町體驗舊時代的風情

谷根千一帶是東京下町的代表區域之一。山手線圈外一路往東邊，地勢較低，且從江戶時期開始即以庶民居住為主的區域，就是大家所說的「下町」。下町對以前的日本人來說，絕非什麼特殊的地方，但未受到戰爭破壞而意外保留下來的舊時代生活感，卻十分受到觀光客甚至是日本人的喜愛。不管是為了懷舊，或是從未經歷過而覺得新鮮，谷根千的特殊風情在近幾年十分受到注目，常常可以看見帶著相機的人們在此漫步。

保存了許多舊建築的谷根千，近年來陸續出現了許多再利用的案子，使用的方式與內容各不相同，但唯一相同的就是，它們幾乎都保留了建築最原始的樣貌，繼續以原本的樣貌，與充滿復古情懷的街道相襯、共生下去。

同時享受老屋、
美食與藝術！

木造公寓的藝術大變身

HAGISO

日暮里
文化複合設施

號稱最小文化複合施設的HAGISO，原本只是一個快被拆除的木造公寓「萩荘」，但為了不想讓熟悉的東京風景消失，在許多學生及藝術家的努力之下，它被保留下來，並變身為一個綜合藝廊、咖啡廳、設計工作室、髮廊等複合機能的設施。除了展覽之外，也不定期會舉辦跟藝術設計相關的活動和講座；還有很重要的就是，咖啡廳內的各式菜單也都十分美味，難怪就算隱身在小路內，人潮依然絡繹不絕呀！

1.以原始木造結構為主體的飲食空間／2.原本的公寓招牌仍然掛在室內作為裝飾

1.4.6.空間保留了部分古老的氣息，能從細節窺見舊時代的樣貌／**2.**僅是刷灰、加上新潮的燈管Logo，就讓整棟建物煥然一新／**3.**一旁的展覽區域不定期更換各種展覽，造就空間的多功能性／**5.**出乎意料精緻好吃的餐點，千萬別錯過各式季節限定的菜單呀

2

3

HAGISO

地　址　東京都台東区谷中3-10-25
時　間　08:00～10:30
12:00～21:00
價　位　午餐￥1,000～1,999
晚餐￥2,000～2,999
交通指引　JR山手線「日暮里駅」西口徒步5分
東京メトロ千代田線「千駄木駅」2號出口徒步5分
網　址　hagiso.jp

保留老屋本身的時光紋路，令人沉浸在歲月美感中

6

5

4

日暮里
展覽空間

從澡堂到展覽空間

SCAI THE BATHHOUSE

1

經過SCAI THE BATHHOUSE好幾次，總是狐疑地想著這到底是怎麼樣的一個空間，是翻修過的澡堂嗎？其實不是，SCAI THE BATHHOUSE是保留著澡堂的骨架，重生成為展覽空間的一個場所。磁磚、寄物櫃等元素都還存留，甚至連櫃檯都架設在相同的位置，不同的是打通兩層樓之後重新架起的白牆，與背景的澡堂相襯後，更顯得衝突而時髦，是個非常有趣的空間。

2

老浴場與現代藝廊絕妙共生

1.3.保持著原始風貌的門面，看起來就是澡堂的樣子！／2.4.最有澡堂風情的區塊非入口處莫屬／5.內部空間增設了白牆作為展示區塊，許多壁面則是原本的樣子／6.漆有設施名稱的牆面簡約有型，很適合拍攝街拍照

SCAI THE BATHHOUSE

地　址　東京都台東区谷中 6-1-23
時　間　12:00～18:00，週日、一、國定假日休
交通指引　JR山手線「日暮里駅」南口徒步8分
東京メトロ千代田線「根津駅」1號出口徒步10分
網　址　www.scaithebathhouse.com

千駄木

生活雜貨

充滿溫度手感的創意雜貨們

classico

5

1

6

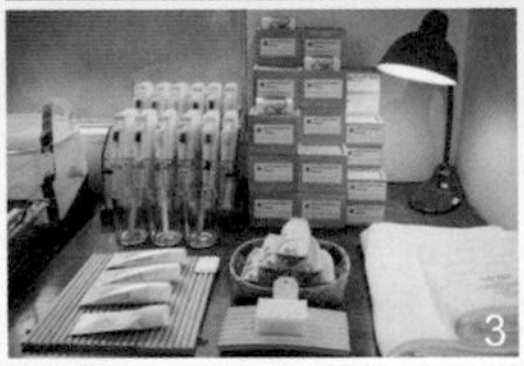

3

4

2

1.3.5.各式精選的生活雜貨不只好看，使用的便利度及耐久度也都經過挑選／2.簡約的空間帶有一點歷史氣息，巧手妝點上一些裝飾，完全就是家的理想樣貌／4.服飾講究舒適度及質料，喜歡簡約休閒日系風格的人一定會喜歡／6.鵝黃色的牆面和咖啡色的天棚，門口就帶有溫暖的感覺

在講求效率的現代，有時候用多了速成品，就會開始懷念起一些古老而美好的東西。classico以職人或藝術家手作的工藝品、日用品、生活道具、中性休閒服飾為主，每樣單品都非常講究製程及素材，充滿著溫度的手感十分讓人開心。在小巧店內逛著逛著就會不由自主地開始想像，稍微下一點點功夫的生活，應該會更舒適而美好吧！

classico

地　址 東京都台東区谷中2-5-22
時　間 12:00～19:00，週二休
交通指引 東京メトロ千代田線「根津駅」1號出口徒步7分
東京メトロ千代田線「千駄木駅」1號出口徒步7分
網　址 classico-life.com

千駄木
雜貨店

五顏六色的少女心雜貨鋪

Biscuit

1.粉紅色白色和淺灰綠，門面配色就很可愛的Biscuit／**2.**不同年代、款式、材質的娃娃，身上彷彿都有許多不一樣的故事／**3.**整家店放滿了女孩們會喜歡的小東西／**4.**從世界各地搜集而來的各式材料，繽紛鮮豔很適合當作DIY的主角！

曾經不知道在哪裡聽說過，不管幾歲，只要還保留著少女心，就仍是少女。

那麼女性朋友們都十分適合到Biscuit去逛逛，尤其是喜歡玩偶或是DIY的人，進到店裡一定都會少女心大噴發！五顏六色的歐洲緞帶、蕾絲、鈕扣，玩偶也從人形娃娃到布偶，各式各樣應有盡有，其他文具類像是卡片、紙袋、包裝紙也一應俱全，讓人忍不住掏出錢包來懷念自己的少女時代。

Biscuit

地　址　東京都台東区谷中2-9-14
時　間　12:00～19:00，週三休
交通指引　JR山手線「日暮里駅」西口徒步10分
東京メトロ千代田線「千駄木駅」1號出口徒步4分
網　址　biscuit.co.jp/webshop

彷彿來到燕子飛揚的小型跳蚤市場

ツバメハウス

千駄木
雜貨店

1.2.除了衣服之外，日用品和手作飾品也都十分有特色／**3.**與招牌不同、非常鮮豔而強烈的衣著風格，很引人注目／**4.**素雅的看板招牌就是店家的標誌／**5.6.**牆壁與鏡子上的燕子都呼應著店名

在舊公寓的二樓，打開房門之後看到的是彷彿寶庫一般的房間！不論國內外，古著或是新品，從男裝女裝到嬰幼兒服飾、手作雜貨、日用品等等，有點復古氛圍的店內，滿溢著女孩們喜歡的東西。堆得滿滿的商品，滿足顧客彷彿在歐洲跳蚤市場挖寶的感覺！最喜歡牆壁上的古董時鐘，還有彷彿在一旁飛翔、呼應店名，不管在日本或是歐美都帶有吉祥意涵的燕子壁貼。妳是不是也能在這裡找到為自己帶來幸運的小物呢？

ツバメハウス

地　址　東京都台東区谷中2-15-13 2F
時　間　13:00～19:00，不定休
交通指引　東京メトロ千代田線「千駄木駅」1號出口徒步5分

小而親切的日用雜貨屋，傳遞質樸的生活溫度

谷中 松野屋

日暮里

生活雜貨

3

1

4

2

1.店外滿滿的生活用品和溫暖的燈光，十分吸引人停下腳步／2.擺放得滿滿卻又協調的室內陳列，千萬小心不要買太多啊／3.從木質、藤編到金屬、織品，各式用品都一應俱全／4.木製看板和店家一樣散發著質樸的氛圍

在谷中商店街前的石階旁，路過一定會忍不住駐足的店家，就是谷中松野屋了。乍看之下只是平凡的一間平房，但在擺滿了各式生活雜貨用具之後，卻意外地引人注目。松野屋所販售的商品並非空有外表，而是各種使用自然素材、職人手工製作的生活用具，價錢也相較可親，讓人花點小錢就能實踐雜誌一般的日式生活，也難怪店裡人潮總是絡繹不絕了。

谷中 松野屋

地　址 東京都荒川区西日暮里3-14-14
時　間 11:00～19:00，週二休
交通指引 JR山手線「日暮里駅」西口徒步3分
東京メトロ千代田線「千駄木駅」1號出口徒步7分
網　址 www.yanakamatsunoya.jp

日暮里
複合設施

咖啡、烘焙香，日本家屋成為串起生活的新聚落

上野桜木あたり

1

上野桜木あたり的「あたり」，翻譯成中文是「附近、一帶」的意思。他們將昭和時期興建的三棟老屋整理改造，除了餐廳和商店之外，老屋咖啡廳「カヤバ珈琲」的烘焙坊也在這裡營業。擺設在屋內的麵包種類繁多，並且會依照季節變換菜單，在昏黃的燈光映照下，不知怎地看起來特別好吃！造訪時也看到許多附近居民在內部廣場休憩聊天，區域內也提供部分空間讓居民使用或舉辦活動。不局限於商業用途，這樣的場域似乎也重新建立了人們的關係呢！

2

走在這樣的街巷，讓人想到日劇裡，
家屋時代那美好親密的人情味

1.上野桜木あたり大致上保留著老屋的原始外觀，僅以簡單的招牌指引空間／**2.6.**家屋的形式沒有改變，有種彷彿到朋友家作客的親切感／**3.**將窗口改為對外販售空間的是日本產橄欖油與鹽的店家／**4.5.**各式各樣的麵包排列在展示架上，推薦有不同口味的紅豆麵包系列

上野桜木あたり

地　　址　東京都台東区上野桜木2-15-6
時　　間　08:00～20:00，週一休
價　　位　￥1,000～1,999
交通指引　JR山手線「日暮里駅」南口徒步10分
東京メトロ千代田線「根津駅」1號出口徒步10分
東京メトロ千代田線「千駄木駅」1號出口徒步10分
網　　址　uenosakuragiatari.jp

日暮里
咖啡廳

彷彿時光倒流的昭和風咖啡廳

カヤバ珈琲

3

1

4

2

1.保持著古民家樣貌的カヤバ珈琲／2.美味的三明治與略帶苦澀的冰咖啡是絕配／3.襯著木頭色的銘黃色招牌懷舊而搶眼／4.不論是一樓的沙發座或是二樓的榻榻米，都很讓人感到放鬆

在充滿復古情懷的街景裡，毫不突兀地矗立在馬路旁的就是カヤバ珈琲。從懷舊的招牌與門面開始，甚至內部的桌椅、擺設，都彷彿時間倒流到昭和年代一般，連空氣流動都充滿著舊時代的風情。店內的招牌餐點是懷舊的煎蛋三明治，材料單純卻美味，柔軟的吐司包裹著濃濃蛋香，溫柔的味道讓人忍不住陷在回憶當中。

カヤバ珈琲

地　址	東京都台東区谷中6-1-29
時　間	週一～六 08:00～23:00 週日 08:00～18:00
價　位	￥1,000～1,999
交通指引	JR山手線「日暮里駅」南口徒步8分 東京メトロ千代田線「根津駅」1號出口徒步8分
網　址	kayaba-coffee.com/top.html

赤子心的古書店，歐洲繪本與藝術書籍的挖寶處

ツバメブックス

根津
古書店

1.帶有懷舊感的門面，混合著和洋風情／2.妝點著鮮豔小物的書架與帶有玩心的陳列／3.波浪壁紙襯托出店家的復古風情／4.無論是書籍或是紙品都十分有風格

不同於其他古書店，ツバメブックス帶有一絲童趣感，或許是因為有大半的書籍是歐洲進口的繪本。室內像是要呼應繪本一樣，有著各式各色的小裝飾，是間能讓人重拾赤子之心的古書店。除了繪本之外，本身就是藝術的各式藝術書籍也很適合挖寶，如果覺得書太重帶不走，一些有著復古風情的明信片和郵票等等，也很適合帶回國當作紀念品呢！店內也不定期會舉辦展覽喲！

ツバメブックス

地　址　東京都文京区根津1-21-6
時　間　12:00～18:00，週二、三休
交通指引　東京メトロ千代田線「根津駅」1號出口徒歩5分

Part 6

吉祥寺區域：吉祥寺・西荻窪

體驗西東京的慢生活

走出東京二十三區，一路往西的中央線上，最具標的性的車站之一，
就是吉祥寺了。從吉祥寺延伸到前一站的西荻窪，
是可以花上一天徒步慢慢探索的區域。
不管是商店或是餐廳，甚至公園，吉祥寺應有盡有；
比都心還要寫意輕鬆的步調，並且帶有一點生活感，
非常適合想體驗不一樣的東京的旅人。

森林系女孩 # 清新休閒 # 微甜風

TODAY'S OUTFIT
本日穿搭

穿梭在吉祥寺的女孩們，大部分打扮得比都心輕鬆，
稍微帶點森林風格，但依舊有型。
白色上衣甜美，喇叭寬牛仔褲因為抽鬚而顯得粗獷，
兩者剛好取得平衡。

Top ／ZARA · Bottom ／ ma chérie chérie.2F · Shoes ／ Birkenstock · Bag／ ZARA

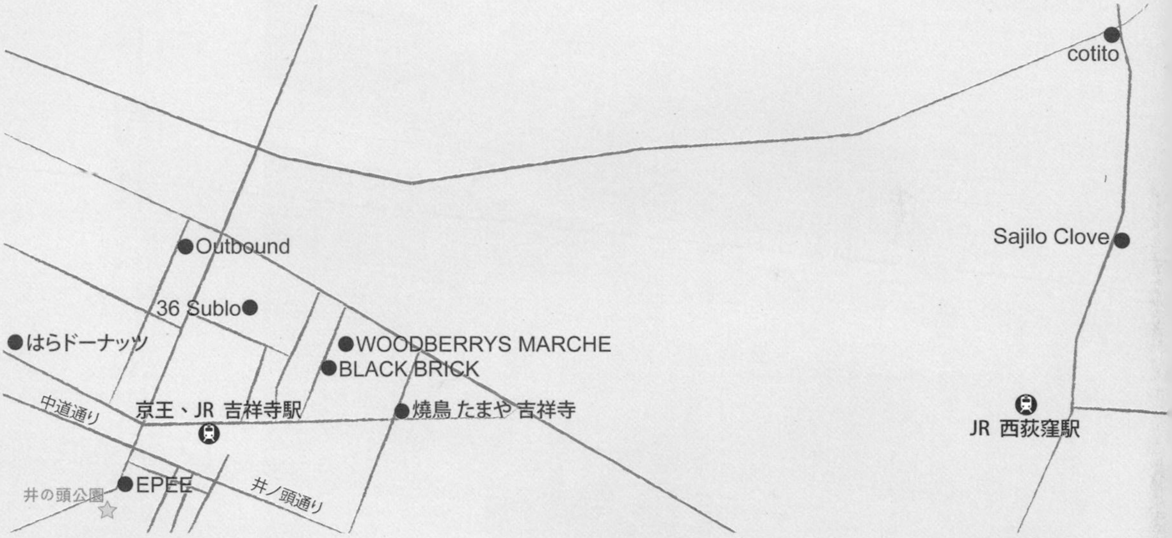

交通方式

・JR中央線西荻窪
・JR中央線吉祥寺
・京王井の頭線吉祥寺

Column
東京日子
×
Deby

記憶中的東京生活步調

1

在東京的幾年，為了配合學校的位置，選擇住在中央線上的國分寺站。這裡其實沒有什麼特別有名的景點，台灣人並不熟悉此區，所以每次要說明自己住在哪裡的時候，都會說：「就是從新宿坐中央線一路向西會到吉祥寺，再繼續下去就會到國分寺了。」

旅人們不熟悉但卻適合生活的地方

國分寺隸屬於「國分寺市」，算是東京市部，大概接近以前台北縣的概念。市部的生活步調不像二十三區那麼緊湊，生活機能、大型超市也比市區來得多，連垃圾分類都要求比市區嚴謹，其實是非常適合生活的地方。

在日本生活之前，已經到日本

1.國分寺車站，南口通往以前的住處，北口通往開向學校的公車站／2.以住宅區和學校為主的國分寺站，比起都心顯得清幽樸實許多／3.國分寺在橘色的中央線上算是大站，假日若要到都心去逛街看展覽就都靠它了／4.卒業式在校門口拍照似乎是定番

各地旅遊多次，但對日本真正開始認識，或許是著手準備研究所考試之後。直到今天這個數位年代，仍然使用手寫報名表、郵寄報名的方式，令同時也在申請歐洲學校的朋友大感不可思議，而日本就是這麼一個充滿矛盾的國度，他們很先進卻又不科技，很準確卻不講求效率，一板一眼，按表操課，沒有轉圜的餘地。

從交通工具到社會上的潛規則

一向都是坐公車去學校的，第一次知道日本的公車不只是有發車時刻表，而是每個停靠站都有自己的時間表時，也著實大吃了一驚。如果是早上的課，總是會在車站的手做飯糰店買一個飯糰，靜靜地在公車上把早餐吃完。日本其實沒有規定交通工具上不能飲食，但是短距離的都內電車，是不大會有人吃東西的，而稍微長程的電車或是公車上，就比較多人吃東西。像這種「暗默的規則」，在日本社會中層出不窮，通常也沒有人會直接告訴你，只能靠著自己努力觀察並學習融入，連日常生活都是一種修行。

說得規矩那麼多，其實美術大學相對外面的世界是自由的。回家路上坐滿學生的公車，也不像傳說中的日本大眾交通工具那麼安靜，總是載滿學生們的笑語。直到現在，在日本各地坐上藍色絨布公車座位時，我仍然會懷念起那一段時光，還有手做鮪魚飯糰的味道。

彷彿雜誌場景的地方
居然是一家咖哩店！

尼泊爾與日本混血的可愛咖哩店

Sajilo Clove

西荻窪
尼泊爾咖哩

Sajilo Clove位於西荻窪，是一家尼泊爾咖哩店，店員都是親切有趣的尼泊爾人，但是店面風格卻是很日系的個性可愛風。一開始覺得非常有違和感，回家翻了介紹這家店的書，終於知道原因，因為老闆是尼泊爾人，老闆娘是日本建築師，兩個人發揮各自專長合力打造的店，就變成這樣的風格了！濃稠的咖哩十分到地，搭配上烤餅更是絕配！難怪是時常登上日本雜誌的常客呢！

1.店內的吧台成為空間主角，可愛的店員看到我在拍照，還特地回去戴帽子／2.門外的許多擺件帶出絕妙的平衡，讓人忍不住多看幾眼

白色系的建築物搭配木門與金屬燈飾，可愛又不失質感

1.濃郁卻不膩口的奶油雞肉，是很道地的尼泊爾口味／2.5.店內也有許多深色的金屬物件，讓空間一口氣沉穩了下來／3.白色系的建築物搭配木門與金屬燈飾，可愛又不失質感／4.6.各種小細節都非常可愛，讓人無法停下快門

2

奶油雞肉咖哩加上烤餅，
別忘了優酪乳也是絕配

Sajilo Clove

地　址 東京都杉並区西荻北3-42-13
時　間 週一～五11:30～15:30，18:00～23:00
週六～日11:30～23:00，週三休
價　位 午餐￥1,000～1,999
晚餐￥2,000～2,999
交通指引 JR中央線「西荻窪駅」北口徒步5分
網　址 sajilocafe.jp

3

道地咖哩與時髦咖啡廳的二重奏

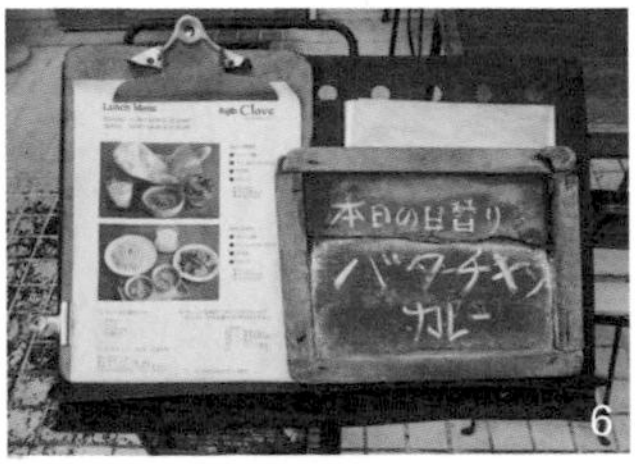

6

5

4

西荻窪

咖啡花店

被花朵包圍的清新下午茶

cotito

1.門口擺放著大量的綠色植物，還有小巧可愛的營業招牌／2.冷調的水泥牆和金屬招牌，其實內藏的是溫暖的氣息／3.無論是裝潢或是花束都由店主夫妻一手打造，自然不造做的感覺讓人十分嚮往／4.花餅乾是店內的招牌商品，很適合送禮

穿過許多店家，漸漸走近西荻窪的住宅區，cotito就靜靜地佇立在路旁。cotito是日文古語裡「我們」的意思，店主夫妻兩人攜手打造出充滿花朵與甜點香氣的空間。店內有著鮮花、乾燥花及各式植物，都能依顧客要求打造獨一無二的花禮。而甜點也非常講究地不使用雞蛋及牛奶，希望把過敏成分降到最低，讓小孩到大人都能安心食用。材料也都嚴選日本產的有機素材，再加上美麗的食用花點綴，從空間、視覺到口感都療癒感滿分！

cotito

地　　址　東京都杉並区西荻北5-26-18
時　　間　11:00～19:00，不定休(建議出發前先確認店家網頁或Facebook)
價　　位　￥1,000～1,999
交通指引　JR中央線「西荻窪駅」北口徒步10分
網　　址　cotito.jp

吉祥寺

生活雜貨

日常設計裡的光影之美

Outbound

3

1

4

2

1.依店主要求全程採用自然光拍攝，果然最能展現店內的層次與魅力／2.店內物件非常的多但卻不顯雜亂，陳列功力可見一斑／3.運用木頭及水泥調性的店內，站櫃檯內的就是店主小林和人／4.設計與實用性並重的日常商品們

日本的選物教父小林和人有著精準的審美眼光，他在吉祥寺與代代木上原擁有兩家店面，分別是從吉祥寺南口陳舊大樓，搬家到代代木上原的日常用品選物店Roundabout，以及位於吉祥寺北口巷弄之中的Outbound。Outbound有著「由此處出發」的含義，比起具有日常實用性的Roundabout，定期舉辦展覽並販售藝術家作品的Outbound，更像是一個傳達信念的所在。每件透過小林和人的雙手擺設在店裡的物件，在他的細心調整之下，光影造就的空間感非常絕妙，絕對值得走訪並細細品味。

Outbound

地　址	東京都武蔵野市吉祥寺本町2-7-4
時　間	11:00～19:00，週二休
交通指引	JR中央線「吉祥寺駅」北口徒步7分
網　址	outbound.to

文具迷不可錯過的挖寶處

36 Sublo

吉祥寺
文具店

1

隱身於大樓二樓的36 Sublo品項非常豐富，從日本人身邊耳熟能詳的日本文具品牌，到帶點兒時使用過的懷舊雜貨，還有國外品牌及自家商品，店內均有販售。店內木質調的裝潢，和擺得滿滿的商品，很有復古風情。在這裡可以找到許多在一般大型連鎖店所看不到，充滿個性的紙品、印章等等。如果你也是每趟旅程都會寄些明信片的旅人，這裡非常適合挖掘具有特色的明信片喲！

2

挑張有趣的明信片
寄給掛念的人吧！

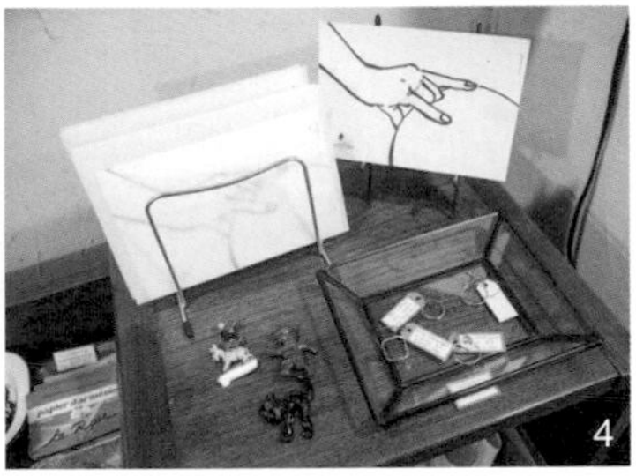

1.3.店內滿滿的商品讓文具迷看得都心跳加速了吧／2.水藍色牆壁上掛著代替招牌的黑色金屬壁飾／4.除了文具之外也有一些特別的設計師飾品／5.很有幽默感的文具雜貨們，讓人忍不住會心一笑／6.放置在大樓外充滿昭和氛圍的招牌，就是36 Sublo的標誌

36 Sublo

地　　址　東京都武蔵野市吉祥寺本町2-4-16 2F
時　　間　12:00～20:00，週二休
交通指引　JR中央線「吉祥寺駅」北口徒步5分
網　　址　www.sublo.net

麵包店與法式餐酒館的結合

EPEE

1.很有法國風情的門面，以灰色為主色是在台灣少見的配色／2.烙印店內Logo的吐司麵包非常可愛！口感也濕潤Q彈／3.店內有著各式各樣的麵包，同時也可以看到開放式廚房內的麵包在陸續出爐／4.卡其色的牆面十分有特色，很適合當作街拍據點

通往井之頭公園的路上有許多特色小店以及餐廳，其中又以EPEE特別搶眼，結合了法式優雅和日式精緻感，光是門面就讓人忍不住駐足。除了餐點的販售之外，餐廳外側則是也提供給一般顧客外帶的麵包店，從甜口味的各式可頌到基礎的土司麵包都很有人氣。特別推薦中午前往，能以十分優惠的價錢，吃到善用有機食材的法式鄉村料理喲！

EPEE

地　址　東京都武蔵野市吉祥寺南町1-10-4
時　間　13:00～19:00，不定休
時　間　午餐￥1,000～1,999
晚餐￥2,000～2,999
交通指引　JR中央線「吉祥寺駅」南口徒步3分

吉祥寺
冰淇淋店

一次把全日本的水果都裝進肚子裡

WOODBERRYS MARCHE

3

1

4

2

1.4.簡約的店面沒有太多裝潢，水果除了用來陳列之外，也有做販售／2.最喜歡綜合莓果的偏酸口味，可以吃到新鮮水果的顆粒／3.依照季節變換的水果種類，不用擔心看不懂，因為都有水彩繪製的插圖喲

從優格發酵開始，自家製造未經加熱的生優格，並與日本各地的水果農家合作產地直送，也不使用加熱加工過的水果，WOODBERRYS對優格冰淇淋有著非常多的講究。跟以往吃過的優格冰淇淋都不太相同，優格與水果的味道都非常濃郁卻又細緻，能夠感受到素材最原始的風味。誰說對身體好的東西就不好吃？WOODBERRYS的優格冰淇淋就是兼顧美味與健康的好選擇。另外也有販售放滿水果的聖代，以及可以外帶的優格和水果，把健康帶著走喔！

WOODBERRYS MARCHE

地　址	東京都武蔵野市吉祥寺本町1-20-14
時　間	11:00～21:00
價　位	～¥999
交通指引	JR中央線「吉祥寺駅」北口徒歩3分
網　址	woodberrys.co.jp

吉祥寺 複合式商店

專為型男量身打造的選物店

BLACK BRICK

相較於一般市面上日系清新路線的選物店，BLACK BRICK的風格較為硬派，從店內大量使用深色磚及深色仿舊木材的裝潢就可以想像。當然時髦的服飾配件、戶外用品、男性保養品等等，店內也是一樣不缺，但在性格的外表之下，其實也有許多餐具、食材可以選購，每天生活需要的所有物件都能在店裡找到。看來現代男子不只要重視外表，更要從裡到外都有型呢！

1.在門口迎接顧客的是櫃檯兼咖啡區，逛累了也可以點一杯提振一下精神／**2.3.6.**豐富的品項分門別類擺設，很容易可以找到目標商品／**4.**踏進店裡之前就先被門口帥氣的黑色立牌吸引／**5.**從知名咖啡廳的薑糖漿，到包裝帥氣的米，還有自家品牌的木頭便當盒，關於食生活的品項特別吸引人

BLACK BRICK

地　址　東京都武蔵野市吉祥寺本町1-22-5
時　間　11:00～20:00
交通指引　JR中央線「吉祥寺駅」北口徒歩3分
網　址　www.blackbrick.jp

原來串焼店也可以很時髦

焼鳥 たまや 吉祥寺

吉祥寺

串燒餐廳

1.4.不說是串燒店的話，應該完全會以為是咖啡廳的店內，使用的家具、地磚都有跳脫串燒店形象的好質感／2.現點現烤的烤雞腿排定食附上沙拉，多汁美味／3.遠遠就可以看到的白色布簾，在一旁白色的長桌小酌一定也很愜意

在日本，居酒屋、串燒店類型的餐廳幾乎都是可以抽菸的，偶爾和朋友想熱鬧地吃吃串燒喝喝日本酒的時候，也會因為想到要吸二手菸而作罷。沒想到在吉祥寺找到這家全面禁煙的燒鳥 たまや，年輕的店員們都親切有活力，比一般串燒店要來得更精緻的餐點和裝潢，非常適合女孩們！若是覺得晚上的價位偏高，中午一樣可以吃到精心烹調的各種雞肉定食，非常划算！

焼鳥 たまや 吉祥寺

地　址　東京都武蔵野市吉祥寺本町1-34-2
時　間　週一～五11:45～15:00，17:00～23:00
週六13:00～23:00，週日13:00～22:00
價　位　午餐￥1,000～1,999
晚餐￥4,000～4,999
交通指引　JR中央線「吉祥寺駅」北口徒步5分
網　址　www.yanakamatsunoya.jp

Slow 東京

世界主題之旅 107

作　　者　蔡欣妤 Deby Tsai
攝　　影　蔡欣妤 Deby Tsai
攝影協力　Jasmine Lin、Natalie Hsu、Pei-Jie Chu、Tony Tsai、Yali Chiang

總 編 輯　張芳玲
發想企劃　taiya旅遊研究室
編輯室主任　張焙宜
特約主編　徐湘琪
美術設計　何仙玲
封面設計　何仙玲

太雅出版社
TEL (02)2882-0755 FAX (02)2882-1500
E-mail taiya@morningstar.com.tw
郵政信箱　台北市郵政53-1291號信箱
太雅網址　http://www.taiya.morningstar.com.tw
購書網址　http://www.morningstar.com.tw
讀者專線　(04)2359-5819 分機230

發 行 所　太雅出版有限公司
台北市11167劍潭路13號2樓
行政院新聞局局版台業字第五〇〇四號

法律顧問　陳思成律師
印　　刷　上好印刷股份有限公司 TEL (04)2315-0280
裝　　訂　東宏製本有限公司 TEL (04)2452-2977
初　　版　西元2017年04月01日
定　　價　280元

ISBN 978-986-336-167-1
Published by TAIYA Publishing Co.,Ltd.
Printed in Taiwan

國家圖書館出版品預行編目 (CIP) 資料

Slow東京：日本雜誌御用部落客,
帶你走進在地人的隱藏版景點 / 蔡欣妤著.
-- 初版. -- 臺北市：太雅, 2017.04
面；　公分. -- (世界主題；107)
ISBN 978-986-336-167-1(平裝)

1.旅遊 2.日本東京都
731.72609　　106002025

編輯室：本書內容為作者實地採訪資料，書本發行後，書中資訊或有變動的可能，建議讀者多利用書中網址查詢最新的資訊，也歡迎旅行或居住當地的讀者，不吝提供最新資訊，以幫助下一次的增修。聯絡信箱：taiya@morningstar.com.tw

黏貼裝訂處(請勿使用釘書針)

(請沿此虛線壓摺)

Thank You
因爲有你，太雅滿20歲了！

抽獎 1

《太雅 20 週年慶抽獎》

即日起～ 2017 年 12 月 31 日爲止（郵戳為憑）

2017 年 5 月 10 日，我們將推出 20 週年慶的官網，公布所有抽獎獎品。

獎品郵寄區域限定台灣本島。填寫住址時，請留意此規定。

《太雅好書抽獎》 即日起～ 2018 年 6 月 30 日

抽獎 2

每單數月，抽出 10 名幸運讀者，得獎名單在該月 10 號公布於太雅部落格和太雅愛看書粉絲團。

本活動需寄回回函參加抽獎（影印與傳真無效）。

以下 3 組贈書隨機挑選 1 組：

放眼設計系列2本 (隨機)

歐洲手工藝教學系列2本 (隨機)

黑色喜劇小說2本

《抽獎讀者的個人資料》

這次購買的書名是：**Slow東京**（世界主題之旅 107）

＊ 01 姓名：____________________ 性別：□男 □女 生日：民國________ 年

＊ 02 手機(或市話)：____________________

＊ 03 E-Mail：____________________

＊ 04 地址：□□□□□ ____________________

＊ 05 你是否已經帶著本書去旅行了？請分享你的使用心得。

____

____

____

提醒：以上每項資料均需清楚填寫，我們必須通知你20週年慶抽獎贈品的品項，以及抽獎結果公告，若是你抽到獎品，但是以上資料填寫不實或不全，導致獎品無法寄送時，我們會自動補遞其他人。

提醒：本問卷除了參加抽獎外，你還會收到最新太雅出版消息和晨星網路書店電子報。

(請沿此虛線裁剪)

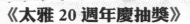

黏貼裝訂處(請勿使用釘書針)

(請沿此虛線壓摺)

廣	告	回	信
台灣北區郵政管理局登記證			
北台字第12896號			
免	貼	郵	票

太雅出版社　編輯部收

台北郵政53-1291號信箱

電話：(02)2882-0755

傳真：(02)2882-1500

(若用傳真回覆，請先放大影印再傳真，但傳真無法參加抽獎)

(請沿此虛線壓摺)

太雅

有行動力的旅行，從太雅出版社開始

太雅出版部落格
taiya.morningstar.com.tw

太雅愛看書粉絲團
www.facebook.com/taiyafans

旅遊書王(太雅旅遊全書目)
goo.gl/m4B3Sy

(請沿此虛線裁剪)